LE GUIDE PRATIQUE
—DES—
PETITS JARDINS

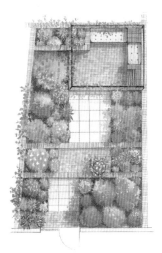

LES GUIDES HORTICOLES DU QUÉBEC

LE GUIDE PRATIQUE
DES
PETITS JARDINS

JOHN MORELAND

Broquet

151-A, boul. de Mortagne, Boucherville, Qc, J4B 6G4
Tél. : (450) 449-5531 / Fax : (450) 449-5532
Internet : http://www.broquet.qc.ca
Courriel : info@broquet.qc.ca

UN LIVRE DE DORLING KINDERSLEY

Données de catalogage avant publication (Canada)

Moreland, John

  Petit jardins

  (Les guides horticoles du Québec)
  Traduction de : Small gardens.
  Comprend un index.

  ISBN 2-89000-518-6

  1. Jardins - Architecture. 2. Aménagement paysager.
I. Titre. II. Collection : Guides horticoles du Québec.

SB473.M6814 2001   712'.6   C00-942194-7

Pour l'aide à son programme éditorial, l'éditeur remercie :
Le gouvernement du Canada par l'entremise du Programme d'aide au développement de
    l'industrie de l'édition (PADIÉ);
La Société de développement des entreprises culturelles (SODEC);
L'Association pour l'exportation du livre canadien (AELC).

Titre original : RHS Practical Guides - Small Gardens
Copyright© 1999 Dorling Kindersley Limited
Copyright© 1999 (texte) John Moreland
Traduction © 1999 Mango Pratique

Copyright © Ottawa 2001
Broquet inc.
Dépôt légal — Bibliothèque nationale du Québec
2ᵉ trimestre 2001

ISBN 2-89000-518-6

SOMMAIRE

LA CONCEPTION D'UN PETIT JARDIN

LES DIFFÉRENTES POSSIBILITÉS

AUSSI PETIT SOIT-IL, le jardin joue un rôle primordial dans la vie quotidienne et trépidante qui est au cœur de notre monde moderne. Vous pouvez vous y réfugier pour échapper au stress quotidien, vous relaxer et recharger vos batteries. C'est ici que vous aimez manger ou discuter entre amis, c'est ici aussi que vos enfants peuvent dépenser toute leur énergie. Les idées développées dans ce livre vous montreront les mille et une possibilités de tirer le meilleur parti de votre jardin, d'en faire votre lieu idéal.

QUESTIONS PRÉLIMINAIRES

Avant de commencer, il est deux questions auxquelles vous devez répondre. « Comment est mon jardin ? » et « Qu'est-ce que j'en attends ? » Pour répondre à la première question, il vous suffit de considérer votre jardin, sa taille, sa forme et son ensoleillement. La seconde question vous invite à réfléchir à son utilisation. De la fusion de ces deux réponses naîtra un projet de jardin très harmonieux. Votre choix sera toutefois limité par vos moyens et par la quantité de travail que vous envisagez de faire vous-même, en particulier ce fastidieux travail d'aménagement du jardin. Ne vous leurrez pas sur le temps qu'il vous faudra investir. Demandez-vous aussi si vous voulez tout faire en une fois, ou si vous préférez procéder par étapes sur une période donnée. Quoi qu'il en soit, élaborez un plan sans faille, acceptable par toutes les personnes qui y participeront, quelle que soit la durée que nécessitera sa réalisation.

HARMONIE DE FEUILLES
Les jardins légèrement ombragés conviennent à une grande majorité des plus beaux feuillages. Fougères et buissons panachés apportent vie et gaieté autour d'un petit arbre.

◁ UN HAVRE DE PAIX *Il est facile de créer dans un petit jardin une atmosphère de tranquillité.*

LA RÉPONSE À VOS ASPIRATIONS

La destination d'un jardin étant de répondre aux aspirations de tous ses utilisateurs, faites en sorte que chacun puisse s'exprimer pleinement. Vous voudrez peut-être un jardin « précieux » qui requiert un peu d'entretien *(voir p. 46)*, alors qu'une famille avec des enfants et des animaux familiers recherchera plutôt une surface de jeu la plus grande possible, capable de résister aux vélos et autres jeux qui la mettront à rude épreuve *(voir p. 52)*. Quoi qu'il en soit, laissez mûrir votre décision et étudiez sous tous les angles les diverses possibilités qui s'offrent à vous : mieux vaut tout prévoir avant que tout revoir plus tard.

Êtes-vous un inconditionnel du sécateur et du plantoir, ou votre plus grand plaisir consiste-t-il à regarder pousser l'herbe ? De combien de temps disposez-vous pour votre passion ?

Ces questions sont cruciales. Les plantes forment certes la clef de voûte de votre jardin, mais il vous faudra bien choisir entre laisser la verdure s'épanouir ou créer un coin repas et y vivre pleinement. C'est peut-être la décision la plus difficile à prendre pour un jardinier. Le coin repas, avec peut-être un barbecue, se fera fatalement aux dépens des plantes. Et pourtant, ce coin repas n'a-t-il pas lui-même besoin de l'ombre hospitalière d'un arbre et ne peut-il pas s'intégrer harmonieusement au jardin ? Vous vous apercevrez peut-être qu'il vous faut un abri de jardin *(voir p. 28)* pour y ranger la poubelle ou le salon de jardin durant l'hiver. Une pelouse est-elle plus importante qu'un bassin *(voir p. 16)* ou qu'une pergola ? Et qu'en est-il du potager et de la serre ? Ce n'est qu'une fois toutes ces questions éclaircies que vous pourrez songer à la conception et à l'étape finale de la réalisation.

RELEVEZ LE DÉFI
Immondices, mauvais ensoleillement et mauvaises herbes, tous les problèmes d'un petit jardin de ville semblent s'être concentrés sur ce minuscule espace, coincé entre les maisons. Une poubelle, une clôture peu discrète et un fil à linge complètent le tableau. Ce n'est pas une raison pour baisser les bras. Définissez bien vos priorités et élaborez la meilleure stratégie pour y répondre. De ce fouillis peu avenant (voir pp. 31 à 71) *peut naître un jardin agréable et intime.*

ÉVALUER LE SITE

Si vous créez un jardin sur une surface aussi vierge que son enceinte, si, par exemple, vous emménagez dans une maison neuve, vous n'aurez que l'embarras du choix. Toutes les possibilités sont envisageables.

Chaque centimètre carré étant précieux, faites un plan détaillé de votre jardin.

Si, en revanche, vous achetez un jardin travaillé depuis des années, il convient d'attendre un an avant de vous lancer dans des transformations, le temps nécessaire au jardin de vous dévoiler toutes ses richesses.

Vous saurez ensuite ce qu'il faut conserver ou changer. Mais il se peut aussi que vous désiriez seulement donner un nouveau visage à votre jardin. Quoi qu'il en soit, faites une liste des éléments à observer (ombre des arbres et des constructions voisines, tracé du drainage, position des tuyaux et des câbles d'alimentation...) et un plan précis *(voir pp. 72 à 75)*. Prenez les mesures exactes du jardin, relevez les dénivellations, les allées et les murets, notez la présence d'une cabane, ainsi que l'emplacement des plantes, notamment des arbres et des buissons. Enfin, observez l'ensoleillement et les vents dominants. Tenez aussi compte du fait que vous contemplerez souvent votre jardin à travers les fenêtres de la maison. Si la maison est neuve, assurez-vous que les entrepreneurs n'ont pas enterré de détritus, et vérifiez s'il ne vaudrait pas mieux apporter de la terre végétale en surface.

LE JARDIN IDÉAL
Cette photo illustre combien un petit jardin comme on en voit souvent dans nos villes (et pas très différent du précédent) peut tirer profit d'un plan soigneusement étudié. Le dallage est équilibré par les plantes, choisies aussi bien pour la forme et la texture de leur feuillage que pour leur floraison. Le mur blanc apporte une luminosité qui favorise leur épanouissement. Les plantes grimpantes qui dissimulent le mur mitoyen créent une atmosphère intime, et les pots apportent de l'ordre à l'ensemble. Grâce à sa couleur, l'arrosoir lui-même fait partie du décor.

LE CHOIX D'UN STYLE

QUELLE QUE SOIT LA TAILLE de votre jardin, il faudra, avant même d'esquisser le premier plan, vous faire une idée précise du style paysager que vous adopterez. Quelle atmosphère souhaitez-vous créer ? Préférez-vous des lignes sobres et des matériaux modernes ou le romantisme d'une profusion de plantes ? À moins que vous ne recherchiez le calme sans surprise d'un jardin classique. La première chose à faire est de définir le style qui vous plaît, et de réfléchir à la manière dont vous l'exprimerez dans votre jardin.

LES SOURCES D'INSPIRATION

Avec de la chance, vous trouverez peut-être le jardin de vos rêves au détour d'un magazine. Conservez alors soigneusement ce modèle en tête quand vous passerez aux choses concrètes. Mais ce n'est pas toujours aussi simple, et il vous faudra souvent chercher l'inspiration aux sources les plus diverses. Les photographies, les programmes de télévision et les ouvrages spécialisés stimuleront votre imagination, et les jardins du voisinage développeront votre sens critique. Un parc municipal, de par sa grande taille, n'a rien à voir avec votre jardinet, mais il offre peut-être des recoins qui méritent d'être copiés ou adaptés. Alors, ouvrez les yeux à tous moments, et surtout lors de vos promenades, jusqu'à ce que votre propre style émerge, et n'hésitez pas à rejeter tout ce qui ne vous satisfait pas pleinement.

TEMPS ET LIEUX

Sans même chercher consciemment un modèle historique, vous constaterez que nombre de styles paysagers ont été mis en pratique dans le passé. Les parcs des châteaux inspireront ceux qui aiment leur côté ordonné et géométrique. Les jardins à la française peuvent être aisément miniaturisés, mais ils demandent un entretien constant et des soins

PARADIS FLORAL
Le propriétaire de ce jardin est manifestement un amoureux des plantes. Il a créé, en harmonisant judicieusement couleur des fleurs et forme des feuilles, une oasis de verdure dans ce petit espace urbain resserré. Tous les sens y trouveront leur bonheur, mais au prix d'un entretien de tous les instants.

◁TOUCHE MODERNE
On a utilisé ici des carreaux de verre pour le sol et comme écran avec le jardin voisin. Imaginez l'effet que pourrait créer, la nuit, l'éclairage d'une partie des surfaces pavées.

▽PLUS TRADITIONNEL
Une association plus conventionnelle de pelouse et de buissons crée une atmosphère simple, qui demande peu d'entretien. Un écran de verdure disposé au milieu du jardin délimite un recoin intime.

quotidiens. Le jardinet classique, d'une simplicité désarmante et si naturel d'aspect, demande en fait une attention régulière. Ne cherchez pas à coller à un modèle strict alors qu'un jardin peut tirer profit de la cohabitation de plusieurs styles qui lui confèrent alors un caractère très personnel. Un ensemble sobre et romantique de plantes peut aussi s'épanouir derrière une bordure touffue. Les grands jardins divisés en « espaces paysagers » sont une bonne source d'inspiration.

Vous pourrez être tenté de reproduire le jardin traditionnel d'un autre pays ou d'une autre culture. Le gravier impeccable et la profusion de plantes des jardins japonais conviennent parfaitement à un jardin miniature.

Pour une cour intérieure, on préférera le style des patios maures.

Profitez des expositions et des nombreux salons, comme par exemple la Foire de Paris, pour apprécier les tendances actuelles et découvrir des matériaux nouveaux qui vous offriront des possibilités techniques appréciables.

Adapté à votre Mode de Vie

Ne devenez pas esclave de votre jardin. Il serait surprenant que vous preniez plaisir, après une dure journée de labeur, à passer la soirée au bras... de votre tondeuse. Mais il se peut également que ce soit votre passion, l'occupation dans laquelle vous oubliez les soucis quotidiens. Une thérapie, en quelque sorte. Quoi qu'il en soit, adaptez le jardin à vos attentes et à celles de votre famille, ainsi qu'à votre mode de vie.

Un Entretien Minimal

Le premier critère à envisager pour la conception d'un jardin est celui de son entretien. Tous les jardiniers avisés vous diront en effet que l'entretien « zéro » n'existe pas, et qu'il est forcément nécessaire partout où nature et plantes s'expriment, même pour un jardin gazonné. Il est toutefois possible de concevoir un jardin ne demandant que peu d'entretien. Tout est une question d'équilibre entre les surfaces en dur et celles plantées, qui demandent une attention régulière. Le choix des plantes est donc ici décisif : une fois bien enracinés, des massifs de buissons à fleurs requièrent peu d'entretien, si ce n'est d'être occasionnellement taillés, alors que des plantes annuelles ou vivaces demandent toute votre attention. Qu'en est-il d'une pelouse ?

> Il existe beaucoup de solutions moins contraignantes que la pelouse.

Son étendue justifie-t-elle les soins que vous lui apportez ? Les alternatives ne manquent pas *(voir p. 24 ainsi que les plans à partir de la p. 32).*

Repoussez les murs
L'intimité de cet endroit invite au petit déjeuner tranquille ou à la discussion entre amis autour d'un bon repas. La discrétion de la couleur du mobilier de jardin (table et chaises) et de son aménagement (treillis et arceau) joue un rôle primordial dans l'harmonie de ce petit bout de jardin.

VIVRE EN PLEIN AIR

Comme beaucoup de gens, vous souhaiterez manger et recevoir vos hôtes dans votre jardin. Soit vous prévoyez un endroit conçu à cette intention, avec un aménagement fixe, soit vous vous contentez de sortir chaises et table quand l'envie vous en prend et que le temps vous le permet. Assurez-vous que vous avez assez de place autour de la table pour que vos invités ne disparaissent pas dans la verdure s'ils ont envie de reculer leur chaise ! L'emplacement sera choisi avec soin : il doit être agréablement ombragé, sans être trop loin de la cuisine. Si aucun arbre ne pousse à cet endroit, il vous suffit de construire une petite pergola sur laquelle vous ferez s'enrouler des plantes grimpantes *(voir pp. 54 et 63)*.

CÔTÉ SALON
Protégées du vent par des abat-jour de couleur, des bougies créent une atmosphère intime et reposante sur ce fond de verdure.

Un éclairage approprié vous permettra de profiter plus souvent de votre jardin. Les techniques actuelles vous aideront à créer une atmosphère merveilleuse *(voir p. 55)*. Décidez, avant même la conception du jardin, de l'opportunité d'avoir l'électricité dans celui-ci : vous pourrez ainsi faire passer les câbles dans le sol en toute sécurité au début des travaux d'aménagement. Réfléchissez de même à l'utilité d'un barbecue et incluez-le, le cas échéant, dans votre plan, sans oublier une niche pour abriter le charbon de bois.

CÔTÉ CUISINE
Le mur du barbecue offre une multitude d'anfractuosités dans lesquelles peuvent pousser des petites herbes aromatiques. Avec, en outre, un petit carré de fines herbes devant le barbecue, le cuisinier n'a plus qu'à tendre la main pour cueillir toutes les senteurs de la Provence.

LES ATTENTES DE LA FAMILLE

AU FIL DES ANNÉES, la famille se transforme et ce qu'elle attend d'un jardin évolue. Un point cependant demeure un critère incontournable : la sécurité des enfants. Prévoyez-le dans votre plan, et il est probable que le jardin, et votre bonne humeur, ne s'en porteront que mieux. Rien n'est plus frustrant pour les enfants que de ne pas pouvoir jouer en toute liberté sans se faire réprimander. Dès que leur âge le permet, réservez-leur un coin délimité par des plantes ou un treillis.

ÉVOLUER AVEC LES BESOINS

Un petit jardin étant par définition limité dans ses possibilités, il est important de tenir compte des besoins immédiats de la famille, mais aussi de leur évolution. De jeunes enfants se satisfont d'une surface plane sur laquelle ils peuvent faire rouler tracteurs et jouets. Un petit bac à sable leur procure des heures de plaisir pur. Leur aire de jeu devant être à la fois proche et visible de la maison, on optera pour un bac à sable ou un bassin mobiles. Le jardin doit être pratique – et permettre de ranger les vélos et les jouets – mais surtout les enfants doivent y être en sécurité (voir ci-contre). Évitez le gravier, qui écorche coudes et genoux, et que les enfants ne peuvent s'empêcher de semer sur la pelouse.

L'aire de jeu doit pouvoir grandir avec vos enfants. À partir d'un certain âge, ils aiment jouer au ballon et pratiquer des activités physiques plus stimulantes. Si l'espace vous le permet, aménagez un coin avec un toboggan, des jeux et même une petite cabane (voir pp. 52-53). Les autres parties du jardin seront ainsi préservées de l'indomptable énergie des petits. La fibre de coco, le sable lavé et les petits cailloux ronds forment des surfaces de jeu idéales. Enlevez une épaisse couche de terre et étendez une membrane géotextile (disponible

△ INTERDIT AUX CHATS
Une fois retiré, le couvercle de bois qui protège le bac à sable peut devenir un élément de l'aire de jeu.

▷ PENSEZ À L'AVENIR
Grâce à ses contours étudiés, ce bac à sable pour les enfants pourra être transformé dans quelques années en un décor aquatique ou un massif de plantes.

INVITATION AU JEU
*Une balançoire en bois,
robuste mais esthétique,
n'invite pas seulement au jeu,
elle apporte de l'harmonie
dans votre jardin. De tels
portiques doivent être
solidement ancrés dans le sol,
de préférence par des
professionnels. La petite
plate-bande de buissons devra
être capable de résister aux
assauts involontaires, mais
répétés, du ballon.*

dans les magasins de matériaux de construction et les jardineries). Fixez-la dans le sol avec des sardines et versez dessus une épaisseur d'au moins 30 cm de fibre de coco, de sable ou de petits cailloux ronds.

LE « SACRO-SAINT » GAZON

Il existe maintenant un grand nombre de variétés de gazon. Demandez conseil auprès d'un spécialiste qui saura diriger votre choix en fonction de vos besoins et de vos impératifs. Les matchs de foot et autres jeux mettent à mal la pelouse, et il sera alors

Une pelouse est d'autant plus vulnérable que le terrain est humide.

préférable de semer une variété de gazon résistante, appelée « gazon rustique ». Semez en automne ou au printemps, mais laissez votre gazon épaissir avant la première « rencontre sportive », et n'oubliez pas que plus une surface est petite, plus elle est vulnérable car plus elle est piétinée. Vous préférerez de même, autour du champ de bataille, les buissons résistants aux plantes herbacées à tiges fragiles. Vous pouvez aussi encourager la vocation des petites mains vertes en leur laissant cultiver leur propre carré de plantes. Choisissez des espèces peu exigeantes, comme le tournesol ou le maïs.

JEUX ET SÉCURITÉ

- Protégez le bac à sable avec un couvercle contre les déjections des animaux errants.
- N'utilisez que de la fibre de coco pour aire de jeux : contrairement aux copeaux classiques, elle ne fait pas d'éclats dangereux (mais peut toutefois attirer les animaux).
- Évitez les plantes qui irritent la peau, les plantes épineuses ou vénéneuses, en particulier celles avec des baies qui pourraient tenter les enfants.
- Protégez l'accès aux plans d'eau.
- Mettez des caches de caoutchouc sur les cannes de bambou.
- Statues et bacs à fleurs ne doivent pas pouvoir basculer.

LAISSONS S'ÉPANOUIR LES PLANTES

SI VOUS ÊTES AMATEUR de plantes, vous souhaiterez en avoir le plus possible dans votre jardin. Les deux meilleures possibilités pour un petit espace sont les décorations aquatiques, avec leurs plantes à feuilles luxuriantes, et les plates-bandes surélevées, qui mettent particulièrement en valeur les plantes rampantes. Remplissez ces plates-bandes surélevées de la terre enlevée lors de la pose d'un dallage. La disposition des bassins et l'installation de l'alimentation électrique enterrée doivent être étudiées avec soin.

MARES, BASSINS ET FONTAINES

Ne vous privez pas d'une décoration aquatique de crainte qu'elle ne vous apporte une humidité désagréable : il suffit de respecter quelques règles élémentaires *(voir ci-contre)*. Vous devrez tout d'abord choisir un élément qui s'intègre bien dans votre jardin. Que le bassin soit surélevé ou au niveau du sol, ses rebords, nets et dégagés, imposent que vous choisissiez de bons matériaux. Les rebords d'un bassin moins classique, le plus souvent recouverts de cailloux non calibrés, se perdent doucement dans la végétation alentour. Un bassin ne doit pas être trop petit, ou étouffer sous un grand nombre de plantes. Renseignez-vous dans les jardineries et plongez-vous dans des guides ou des revues afin de trouver les plantes les plus appropriées. Dans un très petit jardin ou dans une cour intérieure,

> Les fontaines murales sont sans danger pour les enfants.

on préférera utiliser des tonneaux peu profonds ou des bacs en céramique résistante au gel, que l'on peut au besoin encastrer dans un caillebotis *(voir p. 68)*.

△ UNE TÊTE ÉMERGE DE L'EAU
Les petits bassins permettent d'introduire un peu de fantaisie dans votre jardin.

▷ EAU DORMANTE
Ce bassin classique en forme de croissant de lune dégage une atmosphère de sérénité, encore accentuée par la fraîcheur du feuillage et la statue d'un bouddha contemplatif.

UNE PLATE-BANDE, UN SIÈGE
Le muret d'une plate-bande surélevée peut former le dossier d'un banc, sur lequel vous viendrez vous détendre.

Les fontaines murales sont idéales quand le jardin est fréquenté par des enfants et elles conviennent parfaitement aux espaces clos *(voir p. 62)*, mais elles nécessitent un branchement électrique. Si votre bassin est profond, placez une grille métallique juste sous la surface de l'eau : cela permettra aux enfants de jouer autour sans risque.

BASSINS ET POINTS D'EAU

• Évitez de placer des arbustes à feuilles caduques au-dessus d'un point d'eau.
• Aménagez les bassins sur des surfaces planes.
• Revêtez le fond des bassins informels avec du polyéthylène ou du butyle, plus cher mais plus résistant.
• Une coque rigide est la solution la plus simple pour réaliser un bassin classique, mais on peut également employer du béton hydrofuge, par exemple.
• Assurez-vous que les bords du bassin (qu'ils soient dallés, pavés, en gravier ou en gazon) fassent un léger surplomb, qui soulignera les contours tout en dissimulant la structure.

LES ATOUTS D'UNE PLATE-BANDE SURÉLEVÉE

On ne sait bien souvent que faire de la terre enlevée pour poser un dallage. Le plus simple est de s'en servir pour faire des plates-bandes surélevées, surtout si le jardin ne communique pas avec la rue et que vous devez traverser la maison pour évacuer la terre. Lorsque vous posez des dalles, assurez-vous que vous enlevez une quantité suffisante de terre. La taille des plates-bandes surélevées varie grandement en fonction de l'endroit où elles se trouvent, mais la couche de terre qui les remplit devra atteindre au moins 45 cm d'épaisseur. Comme pour toute nouvelle aire de plantation, le drainage doit être suffisant, et la terre compacte soigneusement ameublie. Les plates-bandes surélevées permettent une plus grande diversité de plantes. Un sol drainant, auquel vous aurez mélangé du gravier, conviendra aux plantes de rocaille, ainsi qu'à nombre de plantes méditerranéennes. En installant ces plantes en hauteur, vous ne profiterez que mieux de leur feuillage odoriférant. La terre de bruyère convient plus particulièrement aux rhododendrons, à la bruyère et autres plantes aimant les sols acides. Les plates-bandes surélevées présentent en outre un gros avantage pour les personnes qui souffrent du dos... mais aiment néanmoins jardiner *(voir p. 59)*.

Tout pour Réussir votre Jardin

Rechercher la simplicité, telle est la règle d'or à laquelle doit se conformer le concepteur d'un jardin. Celui-ci a en effet trop souvent tendance à rendre son œuvre tarabiscotée, en particulier en utilisant une grande diversité de matériaux. La plus grande partie de son travail consistera à dessiner un jardin dans lequel les différents éléments cohabiteront en un équilibre harmonieux... à moins qu'il ne souhaite introduire délibérément une atmosphère plus inhabituelle.

Des Aires de Transition

La plupart des petits jardins commencent, autour de la maison, par une association de plantes et de dallages qui en forme l'axe principal. Puis, en s'éloignant de la maison, le jardin change, « s'adoucit » et s'entoure d'une ceinture de plantes soigneusement choisies pour mettre en valeur les plus beaux points de vue.

Pensez, au moment de réaliser votre plan, aux différentes vues sur le jardin que vous aurez des portes ou des fenêtres de votre maison. Si votre jardin comporte des pôles d'intérêt différents, plusieurs « espaces paysagers », faites en sorte de donner envie de passer de l'un à l'autre et de faciliter les passages.

Le plan proposé pages 56 et 57, et dont vous pouvez vous inspirer, comporte des éléments de transition attrayants : une allée pavée mène de la maison à une pelouse circulaire, laquelle guide à son tour votre regard vers un arceau ouvrant sur un jardin « sauvage ».

LAISSEZ-VOUS GUIDER
Dans ce jardin, des statues judicieusement disposées, semblent guider le promeneur le long d'une allée sinueuse, ajoutant ainsi une atmosphère de mystère.

VUE SUR BAIE
Il serait dommage de distraire le regard de ce paysage magnifique par un luxe de détails. Le mur offre un abri, sans pour autant masquer la vue sur la baie.

◁ PERSPECTIVE
TROMPEUSE
La vue à partir de ce jardin semble ne rien devoir envier à la précédente. En réalité, un miroir judicieusement placé sur le mur du fond reflète le jardin lui-même. Les conifères et le treillage de bois qui l'encadrent donnent une impression de perspective, et renforcent cette illusion.

MOTIFS ET LIGNES

L'inspiration vient parfois de manière inattendue. C'est ainsi que vous ne trouverez pas toujours vos idées dans les jardins des alentours, mais parfois en regardant un bijou, un tapis ou un papier peint, qui vous suggéreront des motifs pour les allées et les massifs, d'un jardin aux lignes géométriques, par exemple. De même, un coupon de tissu peut vous guider dans le choix des couleurs.

Il se peut aussi que votre regard soit attiré par une statue ou par un tronc d'arbre travaillé par la pluie, et que vous décidiez d'en faire le point d'orgue de votre jardin.

Si vous optez pour un jardin aux motifs compliqués, comme un jardin à la française, faites-en un plan précis, puis reportez-le sur le terrain pour voir s'il convient *(voir p. 77)*.

Si le jardin doit être moins classique, s'il est composé de courbes larges, dessinez celles-ci avec un compas, en faisant en sorte que chaque courbe se prolonge dans la suivante.

LES RÈGLES D'OR

- Recherchez la simplicité.
- Essayez de limiter au minimum la diversité des matériaux d'aménagement.
- Quand une surface dallée relie le jardin à la maison, faites en sorte que le matériau s'harmonise avec la maison.
- En partant du milieu des portes et des fenêtres, tracez sur votre plan les lignes principales autour desquelles s'agence le jardin.
- Réfléchissez au moyen de passer d'une aire à une autre, et si un arceau, une pergola ou des statues vous y aideraient.
- Essayez de surprendre vos visiteurs et de créer une atmosphère de mystère.
- Estompez les contours de votre jardin avec des plantes, encadrez ou mettez en valeur les plus beaux points de vue.
- Faites un choix sans compromis entre harmonie et contraste.

LES ENCEINTES

C E SONT PARFOIS LES ENCEINTES qui posent le plus gros problème. Au besoin, soyez radical. Vous aurez peut-être la chance d'être entouré de murs aussi vieux qu'esthétiques, dont vous ferez le point d'orgue de votre jardin. Mais, le plus souvent, vous serez confronté à l'une de ces horribles clôtures de mélèze branlantes et teintes en orange criard.

SOLUTION HAUTE EN COULEUR

Une clôture nue et offerte aux quatre vents attire aussitôt l'œil, et sa ligne incisive coupe l'espace, faisant paraître le jardin plus petit qu'il n'est. La seule véritable solution est de « l'escamoter ». Le plus simple et le plus rapide est encore de la peindre. Une clôture pâle ou claire capte la lumière et paraît d'autant plus présente. Peinte avec une couleur plus sombre, elle perd de son importance et se fond dans l'ensemble. La technique aidant, on trouve de plus en plus de bonnes peintures de couleur foncée, résistantes aux intempéries et qui assurent une bonne protection du bois. Optez de préférence pour un brun foncé, un vert foncé ou une nuance subtile de bleu-vert.

CAMOUFLAGE

Faites disparaître une clôture inesthétique sous la verdure *(voir p. 36)*, et peignez-la au besoin en attendant que les plantes aient grandi. Veillez à prévoir suffisamment de place pour les plantes afin qu'elles forment

△ CLÔTURE PARFUMÉE
Ce treillis, sur lequel s'épanouit un chèvrefeuille odoriférant, ne bouche pas la vue et laisse respirer le jardin.

◁ REMPART VÉGÉTAL
Envahissant par nature, le bambou peut faire complètement disparaître une clôture. Il est en outre un excellent filtre contre le bruit.

△ POSITION DOMINANTE
*Un treillage judicieusement
disposé permet de rehausser
un mur aux endroits où la
vue s'avère inesthétique.*

◁ D'ABORD LE SUPPORT
*Fixez le treillis sur le mur,
puis mettez en terre la plante
grimpante qui l'habillera. Il
est nettement plus difficile de
faire le contraire, surtout avec
une plante adulte.*

un écran épais et profond. La plupart des buissons se contenteront d'un mètre carré pour s'épanouir, des plantes très luxuriantes comme l'aralia demanderont trois fois plus et les bambous prendront la place que vous leur laisserez. Si l'espace vous est compté, plantez une profusion de plantes grimpantes. Judicieusement choisies, elles dissimuleront plus tard la clôture. Les limites du jardin se perdront dans la verdure, et celui-ci paraîtra beaucoup plus grand.

La plupart des plantes et des buissons grimpants demandent des tuteurs. Le treillage est de loin la solution la plus simple, et s'il est peint dans une couleur criarde au moment où vous l'achetez, revêtez-le d'une peinture de couleur discrète, en harmonie avec celle de la clôture. Un treillis bleu-vert, par exemple, ira parfaitement avec une clôture d'un vert bleuté. Ainsi vous dissimulerez aussi bien une clôture qu'un mur inesthétique.

VOIR SANS ÊTRE VU
Vous pouvez souhaiter cacher ce qu'il y a de l'autre côté de l'enceinte, ou ressentir un besoin accru d'intimité tout à fait

Une belle vue mérite d'être mise en valeur par des plantes.

compréhensible. Un treillis un peu plus haut que la clôture ou quelques arbustes touffus suffiront le plus souvent à constituer un écran protecteur qui garantira votre intimité. Vous aurez aussi parfois besoin d'un arbre ou de grandes plantes à un endroit précis pour dissimuler un très haut mur ou toute autre chose haute et particulièrement inesthétique que vous souhaitez masquer à la vue.

ILLUSION D'ESPACE

TOUT L'ART de celui qui conçoit le plan d'un petit jardin consiste à jouer avec l'espace dans le but de faire croire que le jardin est plus vaste qu'il n'est en réalité, soit en trompant l'œil, soit en le faisant aller d'un endroit à un autre. Diviser le jardin en plusieurs zones introduit un peu de mystère, car cela suggère que la partie cachée à la vue recèle quelque beauté inattendue qui reste à découvrir. Pour agrandir un jardin carré ou rectangulaire, faites en sorte que l'axe du jardin aboutisse à un des angles de la maison.

L'ART DE LA DIVERSION

Beaucoup de jardins, surtout les jardins citadins, sont longs et étroits. En règle générale, leur centre est dégagé et l'œil est aussitôt attiré vers le fond, ce qui accentue l'impression d'étroitesse. Pour donner une impression d'espace, on divisera le jardin dans sa longueur, en disposant des écrans qui ramèneront le regard vers le centre *(voir p. 32)* et empêcheront de découvrir l'ensemble du jardin d'un seul coup d'œil. Ces écrans peuvent être de simples plates-bandes pourvues de quelques petits arbustes. Vous pouvez également planter une haie, de persistants ou de caducs, taillée ou non, selon le style de votre jardin, ou encore utiliser un treillage sur lequel pousseront des plantes grimpantes.

De plus, celui-ci jettera des ombres spectaculaires sur le sol en hiver, quand le soleil est bas.

DES ÉCRANS ASTUCIEUX

• Donnez à une haie de persistants des formes intéressantes, ou taillez-la en « fenêtre » afin de créer l'envie de regarder derrière.
• Peignez le treillis d'une couleur adaptée au style de votre jardin ou utilisez des matériaux inhabituels, comme le bambou.
• Construisez votre écran avec du bois, que vous peindrez à votre goût.
• Un treillage de noisetier ou d'osier tressé ne doit pas être trop serré. Vous pouvez aussi planter une rangée de saules, que vous taillerez en treillis à claire-voie.

ESPACES PAYSAGERS

Une autre manière de réduire la longueur consiste à la diviser en différents espaces paysagers communiquant entre eux par des « portails », des pergolas ou des arceaux

EST-CE BIEN TOUT ?
Vous pensez voir tout le jardin dans ce rectangle de gazon nu et bordé de buissons symétriques ? Donnez-vous la peine de franchir les quelques marches au fond, elles vous invitent à découvrir un endroit mystérieux...

(voir pp. 42 et 44). Ainsi, un espace s'offre dans son intégralité à votre regard, mais le « portail » vous empêche de voir ce qu'il y a derrière. Cette méthode permet également de diversifier les styles, « espace sauvage » *(voir p. 56)*, puis « aire de jeu » *(voir p. 52)*, par exemple, et de réaliser le jardin par étapes. S'ils ont été judicieusement placés, une haie ou un treillage peuvent alors être taillés en forme de fenêtre s'ouvrant sur l'espace suivant.

EXPLOITER LES DIAGONALES

Dans un carré ou un rectangle, la droite la plus longue n'est ni la largeur ni la longueur, mais la diagonale. Aussi est-il judicieux d'aménager le jardin de part et d'autre de cette ligne lorsqu'on veut créer une impression d'espace *(voir pp. 40, 54 et 68)*.

Dans un jardin carré, l'angle de cette diagonale est obligatoirement de 45 degrés. Si votre jardin est long et étroit, il sera préférable de tracer deux diagonales à 45 degrés. La perspective sera meilleure qu'avec des angles aigus. Ceux-ci donnent en effet un aspect étrange au jardin, surtout si vous choisissez de daller le sol *(voir p. 40)*. Les caillebotis se prêtent bien à ce type de réalisation *(voir p. 68)*, les lattes imposant d'elles-mêmes un effet de perspective à l'ensemble. L'impression d'espace peut être encore renforcée avec l'installation de miroirs à des emplacements appropriés *(voir p. 61)*. Enfin, l'agencement d'un jardin en diagonale permet tout à fait de créer des terrasses *(voir p. 54)* qui ajoutent elles aussi à l'effet d'espace.

LES ALLÉES

À MOINS QUE vous ne souhaitiez créer délibérément un effet surprenant, les dallages et autres matériaux recouvrant les parties du sol non plantées devront être aussi simples et peu variés que possible. Leur couleur devra être suffisamment effacée pour mettre en valeur les plantes. De par sa nature, le gazon serait le matériau le plus adapté, en particulier pour les aires de jeux, mais dans un espace vraiment limité, une pelouse donne bien souvent plus de travail que de satisfaction.

PAVER LES ALLÉES

Il existe tellement de qualité de matériaux, de tant de formes, de textures et de couleurs différentes, que le choix tourne vite au casse-tête. Le plus simple est de partir de la maison : si elle est en pierre, vous pourrez créer un lien avec le jardin en utilisant des pierres de même type pour les allées et le patio. Assurez-vous toutefois qu'elles sont résistantes au gel, et choisissez, le cas échéant, des pierres adaptées à cette utilisation. Selon la manière dont elles sont disposées, les pierres peuvent reproduire tous les motifs possibles et imaginables, en donnant des effets très différents. Les pierres de parement donnent de la largeur au jardin *(voir p. 32)* et les motifs à chevrons une impression de mouvement, alors qu'un motif en carré possède une indiscutable présence statique qui le rend idéal pour les patios.

Traditionnellement, pierres et pavés sont utilisés conjointement, notamment pour les maisons anciennes, car ils vieillissent bien ensemble (la pierre mouillée est toutefois glissante). Acheter de la pierre reconstituée représente une économie substantielle, et les produits vendus actuellement, une fois patinés

---

Enterrez câbles électriques et canalisations d'eau avant de poser le pavage.

---

par le temps, ne peuvent être que difficilement différenciés de la pierre naturelle. Évitez les pavés trop grossiers et aux couleurs crues, qui jurent avec les plantes. Tenez compte du

GRAVIER FUGUEUR
Graviers, autres matériaux et feuilles se marient agréablement. Par nature « fugueur », le gravier sera encaissé par rapport à ce qui l'entoure.

APPAREILLAGE EN OPUS ROMAIN
De textures simples et de couleur tendre, pierre et bois s'harmonisent pour faire un bel avant-plan aux plantes.

△ LE COIN DES GALETS
*Des galets de même
couleur complètent la
finition de ce pavage,
comblant aisément un
recoin qu'il est
impossible de paver.*

◁ LE HAUT DU PAVÉ
*On a utilisé ici un
matériau des plus
naturels. Les pavés de
granit épousent sans
problème le terrain, et
leurs arêtes vives sont
adoucies par la
végétation qui pousse
entre eux. De tous les
matériaux, le petit
pavé est l'un des plus
faciles à poser sur une
déclivité.*

niveau des bouches d'égout et du fait que le pavé doit être au minimum 15 cm (ou deux épaisseurs de pavé) en dessous de la couche d'étanchéité de la maison. Pour une finition professionnelle, déterminez la taille des pierres en fonction de la surface. Enfin, évitez autant que faire se peut les découpes inutiles.

POUR OU CONTRE LE BÉTON
Pour beaucoup de gens, béton est synonyme de surface grise et rêche. Il est toutefois possible d'obtenir avec ce matériau des finitions plaisantes. D'un coût raisonnable, il épouse en outre les formes les plus diverses et offre des possibilités très intéressantes. Le béton est un mélange de sable et de pierre ou de granulat. En le brossant légèrement avant qu'il ne « tire », vous faites ressortir le granulat, créant ainsi une texture intéressante. Le plan que vous trouverez page 46 utilise cette structure, mais en dalles de gravier lavées.

GRAVIER ET BOIS
Le gravier épouse comme une moquette les moindres recoins. La surface d'un jardin de gravier doit être assez meuble, alors qu'une allée avec ce même matériau doit rester ferme sous le pied : une couche peu épaisse de gravier (12 à 18 mm environ) sera étalée sur un sol très compact. Elle doit être ensuite roulée ou légèrement ratissée. Des rebords évitent que le gravier ne s'éparpille, mais celui-ci adhérant bien aux semelles, évitez d'en mettre trop près de la porte *(voir p. 40)*.

Les caillebotis, en bois traité sous pression, sont très utiles, en particulier sous les climats secs et pour créer des différences de niveau *(voir p. 68)* qui apporteront une touche originale à votre jardin. Les traverses doivent être protégées contre l'humidité du sol, aussi faudra-t-il bien veiller à enlever la terre en dessous et la remplacer par du gros gravier.

EXPLOITEZ LES DÉNIVELLATIONS

QUELLE QUE SOIT LA PENTE de votre jardin, chaque dénivellation possède son charme et mérite d'être exploitée *(voir pp. 34 et 42)*. Un mouvement du terrain est d'autant plus nécessaire que le jardin est petit, car il permet de mettre les plantes en valeur. Les changements de niveau n'ont pas besoin d'être spectaculaires, de petites dénivellations suffisent à créer des espaces distincts à l'intérieur du jardin, par exemple en délimitant un coin repas *(voir p. 38)*.

L'ART DU GÉOMÈTRE

Avant de décider comment tirer le meilleur parti des dénivellations existantes, ou de la possibilité d'en créer de nouvelles, faites-en le relevé sur le terrain en notant leur orientation. Le plus souvent, le terrain descend vers ou à partir de la maison; les déclivités diagonales sont plus rares. Faites appel aux services d'un géomètre si la topographie de votre jardin est plus complexe. De même, il vous faudra recourir aux conseils d'un architecte *(voir p. 35)* si un mur de soutènement était

nécessaire pour retenir un volume de terre important. Avant de vous lancer dans des travaux de terrassement liés à de grands mouvements de terre, assurez-vous qu'un engin peut pénétrer dans le jardin. Le cas échéant, évaluez sans complaisance le temps et la peine que représenterait un tel travail fait à la main.

DES MARCHES BIEN PENSÉES

Trois données doivent être prises en considération dans le calcul des marches.

BON PIED...
De bons pavés profondément gravés en croisillons résistent bien à l'épreuve du temps, et le pied s'y pose en toute sécurité. Leur surface, non poreuse, empêche la mousse de s'y développer, un problème que l'on rencontre particulièrement lorsque les marches sont situées à l'ombre.

△ À GAUCHE TOUTE !
Des marches escarpées paraissent imposantes dans un espace exigu. Un escalier à angle droit, avec palier à mi-hauteur, est nettement plus esthétique.

◁ PRENEZ DE LA HAUTEUR
Il est très facile de créer une marche avec des gradins de caillebotis. Les planches donnent de la perspective à l'ensemble.

La contremarche est la hauteur de chaque marche, le giron sa profondeur (ou la place dont vous disposez pour poser le pied), et la portée est la distance séparant la première de la dernière marche (c'est-à-dire le total des marches ou la profondeur nécessaire à l'ensemble de l'ouvrage). Dans une maison, les marches sont plus ou moins standardisées et leur progression plutôt rapide à cause du

Prévoyez un éclairage pour les marches que vous empruntez régulièrement de nuit

manque de place. Dans un jardin, l'espace est moins compté et vous offre plus de possibilités, selon les effets que vous désirez créer. Une contremarche confortable fait 15 cm. Pour connaître le nombre de marches que vous aurez à construire, il suffit de diviser la dénivellation totale par cette hauteur.

Ne faites pas des marches trop basses, de moins de 7,5 cm, qui vous feraient trébucher. La profondeur idéale d'une marche est de 45 cm ou plus, mais elle doit être aussi généreuse que possible. Il est important, pour des questions de sécurité, que les marches soient rigoureusement identiques dans un même ouvrage *(voir p. 43)*.
Quel que soit le matériau que vous allez utiliser, pierre, brique ou bois, il faut veiller à ce que les marches situées à l'ombre ne deviennent pas glissantes avec l'humidité. Si vous avez opté pour le bois, il vous faudra, le cas échéant, fixer un grillage fin sur le giron de chaque marche.
La manière la plus simple de donner un peu de relief à un terrain plat est d'employer des caillebotis *(voir p. 69)*. Disposés sur un solide assemblage de poutres rigoureusement de niveau, ils permettent également de réaliser très facilement des terrasses. Faites votre structure en fonction du poids que votre terrasse est amenée à supporter, notamment si vous prévoyez d'y installer des meubles de jardin.

FAIRE DE NÉCESSITÉ VERTU

IL EST POSSIBLE que votre exaltante fonction de créateur vous détourne des impératifs du quotidien et que vous oubliiez des détails aussi terre à terre qu'importants. Où ranger la tondeuse, les vélos et la poubelle, par exemple ? Comment éviter de vous prendre les pieds dans le fil à linge ? En prévoyant dès le premier stade de la création une remise, petite mais indispensable, vous pourrez en faire un élément décoratif et fonctionnel de votre jardin.

UN RANGEMENT CRÉATIF

Peu de jardins sont pourvus d'un rangement pour accueillir tondeuse, jouets, barbecue et autres accessoires de jardinage. Un petit abri de jardin devient donc vite indispensable. Avec un peu de chance, vous pourrez le dissimuler derrière un treillis recouvert de verdure ou, mieux encore, à l'abri de buissons. Vous pouvez, comme la clôture, le peindre de couleur sombre pour qu'il se fonde dans la verdure *(voir p. 65)*. Vous pouvez aussi le camoufler sous une belle plante grimpante, ce qui n'est pas si évident si sa porte fait face à la maison. Le cas échéant, vous devrez lui donner une présence personnelle, le peindre d'une couleur appropriée, encadrer sa porte d'une voûte ou faire une fausse fenêtre agrémentée d'un étonnant trompe-l'œil. Prévoyez une fermeture solide si la porte donne sur la rue.

Un banc peut dissimuler un coffre dans lequel vous rangerez les petits outils de jardinage *(voir pp. 38 et 50)* ; ce type de siège se trouve aisément dans le commerce. Un barbecue peut être pourvu de rangements

---

Il peut être judicieux de prévoir des niches de rangement autour du bac à sable.

---

dans lesquels vous remiserez le charbon de bois et les accessoires de cuisine. L'aire de jeu peut, quant à elle, receler quelques niches où les enfants pourront ranger jouets de plein air, ballons et autres accessoires.

TOUT DIAMANT
N'EST PAS DE PIERRE
Le mur peu ensoleillé et particulièrement inesthétique de ce garage est dissimulé par du lierre taillé en diamants sur des losanges de bambou. Le pyracantha se prête également volontiers à cette utilisation.

◁ ŒUVRE D'ART
Enfouie sous sa parure de Clematis montana, *cette adorable petite cabane vous invite à toutes sortes de délicieuses découvertes derrière sa fenêtre en trompe-l'œil.*

▽ TAPE-À-L'ŒIL
Au lieu de cacher cette cabane, son propriétaire l'a peinte en jaune vif, puis mise en valeur avec une voûte de verdure pour en faire le point de mire de son jardin. Une bonne solution pour les jardins tout en longueur.

CORVÉE DE LINGE ET DE POUBELLE

Quoi de plus agréable que de faire sécher son linge en plein air ! Un fil à linge tendu en permanence au milieu du jardin prend un espace considérable, et on lui préférera l'étendage pliant, plus pratique. Encore faut-il avoir assez de place pour que les draps qui flottent dans le vent ne viennent pas se frotter – ou se teindre – contre les plantes des alentours.

Quoi de plus encombrant qu'une poubelle ! Surtout que celle-ci doit se trouver aussi près de la maison que de la rue. Le plus simple est encore de la dissimuler derrière un écran de verdure. Mais pourquoi ne pas la personnaliser, en laissant s'exprimer sur ses parois ingrates vos inimitables talents de « tagger ». Attention, toutefois, que les services de voirie puissent encore l'identifier !

Plans de Petits Jardins

Une Sélection de Réalisations

L<small>E STYLE</small> de réalisation que vous choisirez pour votre jardin dépendra de son utilisation, et bien sûr de sa disposition. Nous avons sélectionné ici vingt plans de jardins qui illustrent les différentes manières d'exploiter au mieux un petit jardin tout en respectant votre mode de vie. Beaucoup ne demandent que peu d'entretien, ce qui est la priorité absolue de la majorité des gens. Certains créeront une atmosphère intime *(voir p. 36)*, alors que d'autres s'évertueront à élargir l'espace *(voir pp. 40 et 54)*. Il y en a pour tous les goûts, du plus informel *(voir p. 44)* au plus classique *(voir p. 66)*, sans oublier ceux qui sont résolument modernes *(voir p. 70)*.

Tous les matériaux que vous êtes susceptible d'utiliser pour l'aménagement de votre jardin apparaissent à un moment ou à un autre dans ces plans : du caillebotis *(voir p. 68)* et du béton *(voir p. 46)* aux dallages de brique et de pierre *(voir p. 32, 38 et 58)*. Si l'on a choisi le gravier pour certains jardins et le gazon pour d'autres, on a parfois souhaité allier les deux. L'herbe couvre généralement les aires de jeu, mais un des plans *(voir p. 52)* en donne une tout autre conception. Si votre plus grand plaisir est de discuter avec des amis à la fraîche, vous regarderez avec attention le jardin présenté page 54.

UNE TOUCHE DE LÉGÈRETÉ
Des arbres à plusieurs troncs créent une atmosphère aérienne dans un petit jardin. Il suffit, pour obtenir cet effet, de planter de jeunes arbres dans un même trou et de les laisser grandir ensemble. N'utilisez toutefois que des variétés qui pousseraient ainsi naturellement, comme les bouleaux argentés (Betula pendula) *ou les aulnes* (Alnus cordata *ou* A. incana).

◁ HAUT EN COULEUR *Sur différents niveaux, les plantes forment des gradins de couleurs.*

UN JARDIN TOUT EN LONGUEUR

L A GRANDE MAJORITÉ des jardins sont longs et étroits, et trop souvent l'œil est
irrésistiblement attiré vers le fond, les faisant paraître plus petits qu'ils ne sont
en réalité. En divisant un jardin dans la longueur, on restreint le champ visuel et crée
ainsi une illusion d'espace, tout en introduisant un souffle de mystère. Les divisions
ne sont pas hermétiques, et chacune d'elles donne envie de voir ce qu'il y a derrière.
On a disposé ici deux courtes rangées de tubes métalliques (du type de ceux utilisés
pour les échafaudages) qui, en convergeant vers le centre, forment des écrans aussi
simples qu'efficaces.

QUEL JARDIN ?

• Atténuer l'étroitesse
du jardin.
• Préférer les dallages
au gazon pour
réduire l'entretien au
minimum.
• Installer beaucoup
de plantes pour
estomper les limites
du jardin et adoucir
le dallage, tout en
créant une sphère
intime.
• Création d'un
rangement pour vélos
et outils de jardin.

Un bouleau
argenté (*Betula
pendula*) a été
conservé.

Petit abri de
jardin pour le
rangement ; une
allée carrelée
mène à la porte.

Banc placé dans
la partie la plus
tranquille et
la plus retirée
du jardin.

Rangée de tubes
métalliques peints et
reliés entre eux par un
treillis pour faire écran ;
ils servent de tuteur à
des plantes grimpantes.
Construction similaire
de l'autre côté.

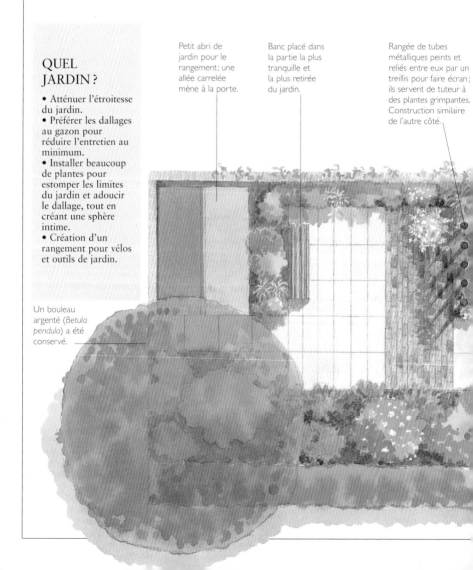

DES ÉCRANS POUR SÉPARER DES ESPACES DISTINCTS

Les solutions ne manquent pas pour diviser un jardin. S'il est entouré de plantes, le plus simple est de former deux avancées de verdure asymétriques partant des côtés. On peut accentuer l'effet avec des panneaux de treillage, sur lesquels grimperont des plantes, ou des perches d'échafaudage et des poteaux de bois – ronds ou carrés – peints harmonieusement. Ceux-ci doivent être profondément enfoncés dans le béton, ou fichés dans des « manchons » en dessous du niveau du sol et noyés dans le béton sec.

◁ DU PLUS SIMPLE...
Un treillis forme un bon écran et offre une toile de fond pour les plantes sans faire d'ombre.

▷ ... AU PLUS SOPHISTIQUÉ
Ces arbres découpés dans du contre-plaqué de marine créent un écran surprenant.

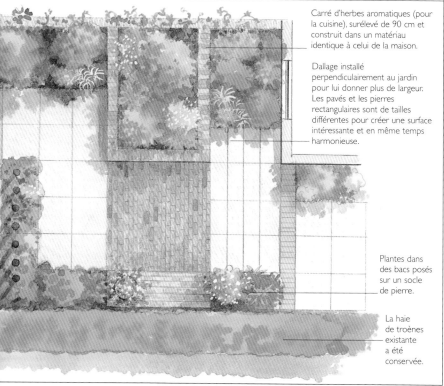

Carré d'herbes aromatiques (pour la cuisine), surélevé de 90 cm et construit dans un matériau identique à celui de la maison.

Dallage installé perpendiculairement au jardin pour lui donner plus de largeur. Les pavés et les pierres rectangulaires sont de tailles différentes pour créer une surface intéressante et en même temps harmonieuse.

Plantes dans des bacs posés sur un socle de pierre.

La haie de troènes existante a été conservée.

JARDINS DESCENDANTS

D'UNE MANIÈRE GÉNÉRALE, un dénivelé donne de l'intérêt à un jardin et mérite d'être mis en valeur. Mais quand le terrain descend derrière la maison, il donne parfois l'impression de « glisser ». La solution consiste à ramener une partie du terrain au niveau de la maison pour faire une terrasse, en installant dans le mur de soutènement des marches menant à la pelouse.

Cadran solaire en brique sur lit de gravier, placé face aux marches et à la porte-fenêtre.

Sorbier blanc (*Sorbus aria*). Un arbre à chaque angle renforce la symétrie du jardin et encadre la vue derrière.

Pelouse en arc de cercle face aux marches et à la porte-fenêtre.

Plates-bandes surélevées similaires de part et d'autre des marches.

Marches de 15 cm de hauteur descendant vers la pelouse, faites avec le même dallage que la terrasse.

Terrasse réalisée avec des dalles carrées de 45 cm de côté posées bord à bord.

QUEL JARDIN ?

- Jardin comprenant deux niveaux plats, avec un mur de soutènement et des marches.
- Aire de repos immédiatement devant la porte-fenêtre.
- Niveau inférieur gazonné.
- Jardin symétrique permettant de centrer un cadran solaire.
- Plantation luxuriante pour donner une sensation d'isolement et dissimuler les limites du terrain.

— Plantes diverses entourant la pelouse pour dissimuler la clôture.

— Mur de soutènement de 60 cm de hauteur dans le même matériau que la maison. Il retourne à angle droit vers la maison de telle sorte que la terre n'est jamais en contact avec l'enceinte.

LES MURS DE SOUTÈNEMENT

Quand le jardin comprend deux niveaux, il est souvent nécessaire de faire un mur de soutènement pour retenir la terre de la partie supérieure. La conception de ce mur doit être soigneusement étudiée, car il sera soumis à la pression extrêmement importante du volume de terre et de l'eau qu'elle recèle. Si votre mur est long et d'une hauteur supérieure à 1,50 m, il vous faudra avoir recours aux services d'un architecte. La base du mur, ancrée dans de profondes fondations, doit être plus épaisse que le haut. Fait le plus souvent en blocs de béton, le mur est ensuite habillé avec de la pierre ou de la brique. Il ne doit pas se terminer brutalement s'il traverse tout le jardin : prévoyez de le faire revenir le long de l'enceinte pour éviter la pression de la terre sur cette dernière (*voir plan ci-contre*). Des traverses de bois peuvent également former un mur simple et esthétique.

▷ ÉLÉGANCE DE LA PIERRE
Ce mur traditionnel a été construit avec des pierres du cru. La rangée de briques à sa base permet une délimitation nette de la pelouse.

▽ SIMPLICITÉ DU BOIS
Posées à plat, d'anciennes traverses de bois permettent de construire rapidement une succession de murets très solides.

DISSIMULER LES LIMITES DU TERRAIN

POUR FAIRE PARAÎTRE un jardin plus grand qu'il n'est, il suffit souvent de dissimuler ses limites sous une luxuriante végétation. Celle-ci peut aussi cacher une vue peu agréable, ou se fondre avec les arbres et les buissons environnants, de telle sorte que le jardin paraisse s'étendre au-delà de ses limites véritables. Habillez les clôtures avec des plantes grimpantes, et « enveloppez » de persistants et de caducs la pelouse (dont la forme idéale serait celle de deux cercles se recoupant).

QUEL JARDIN ?

• Surface dallée, à proximité de la maison et servant de coin repas, accessible de la cuisine et du salon.
• Petite pelouse facile d'entretien.
• Dissimuler la clôture, particulièrement inesthétique.
• Conserver l'arbre existant et ajouter des plantes pour créer une atmosphère intime.
• Coin de repos tranquille et relaxant.

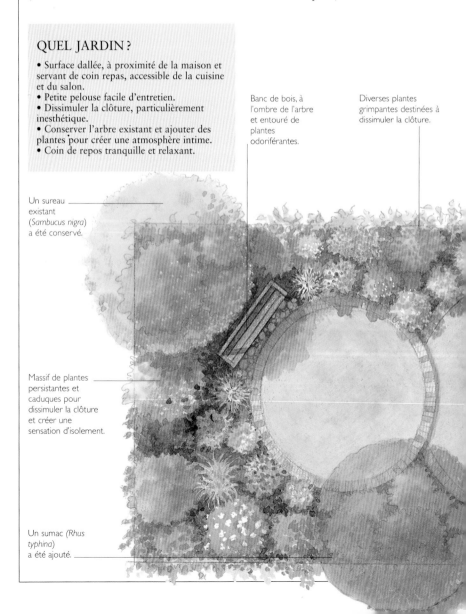

Banc de bois, à l'ombre de l'arbre et entouré de plantes odoriférantes.

Diverses plantes grimpantes destinées à dissimuler la clôture.

Un sureau existant (*Sambucus nigra*) a été conservé.

Massif de plantes persistantes et caduques pour dissimuler la clôture et créer une sensation d'isolement.

Un sumac (*Rhus typhina*) a été ajouté.

UN ÉCRAN VÉGÉTAL

Prévoyez autour des pelouses un espace suffisant permettant d'installer un grand nombre de plantes pour dissimuler la clôture ; placez les plus petites devant. Prenez soin d'harmoniser texture et couleur des feuillages. On optera pour des bambous et des graminées, ou pour des buissons à feuillage original, comme l'aralia. Beaucoup de plantes grimpantes allient parfum et couleur, comme la clématite et le chèvrefeuille.

VIBURNUM RHYTIDOPHYLLUM
Persistant vigoureux portant des baies après la floraison, très résistant à la pollution.

YUSHANIA ANCEPS
Le bambou forme un bon écran acoustique. Persistant et pouvant atteindre 4 m, il peut s'avérer envahissant.

ACTINIDIA KOLOMIKTA
Plante grimpante étonnante pour murs abrités, mais qui a besoin de temps pour prendre sa plus belle couleur.

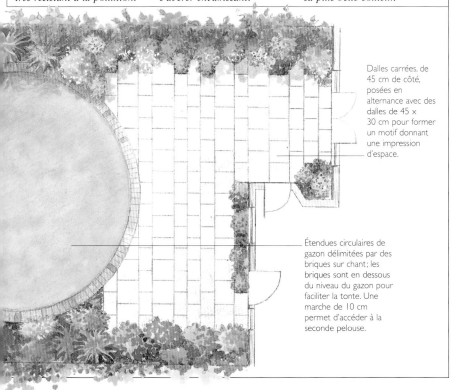

Dalles carrées, de 45 cm de côté, posées en alternance avec des dalles de 45 × 30 cm pour former un motif donnant une impression d'espace.

Étendues circulaires de gazon délimitées par des briques sur chant ; les briques sont en dessous du niveau du gazon pour faciliter la tonte. Une marche de 10 cm permet d'accéder à la seconde pelouse.

CRÉER DIFFÉRENTS NIVEAUX

Il EST TRÈS SIMPLE de créer différents niveaux dans un jardin plat en prévoyant un certain nombre de marches lors de la conception. Ici, les deux premières marches font toute la largeur du jardin pour créer une illusion d'espace, la dernière marche, un peu moins large, mène au barbecue et au coin repas. Posées sur chant, des briques font d'agréables marches de 10 cm, régulières pour éviter les faux pas *(voir p. 27)*. Le dallage devant être posé sur une terre dure et du béton, on utilisera la terre enlevée pour combler les plates-bandes surélevées *(voir p. 17)*.

Coin repas avec bancs renfermant des coffres de rangement.

Barbecue avec rangement dans recoin dallé.

Massifs de plantes vivaces et buissons, dont certains sont dotés d'une forme architecturale et d'un feuillage remarquables.

Briques posées à joints contrariés, perpendiculairement au jardin pour en augmenter la largeur.

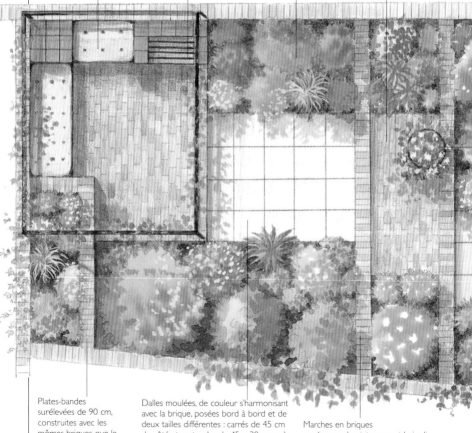

Plates-bandes surélevées de 90 cm, construites avec les mêmes briques que le mur d'enceinte.

Dalles moulées, de couleur s'harmonisant avec la brique, posées bord à bord et de deux tailles différentes : carrés de 45 cm de côté et rectangles de 45 × 30 cm près de la maison.

Marches en briques posées sur chant, traversant le jardin pour lui donner de la largeur.

QUEL JARDIN ?

- Barbecue et coin repas avec rangement.
- Surface dallée dans le style de la maison.
- Entretien minimal.
- Différents niveaux pour donner de l'intérêt et camoufler les coins monotones.
- Association de caducs et de persistants pour adoucir les murs et les dallages.
- Coffre pour ranger les pots.

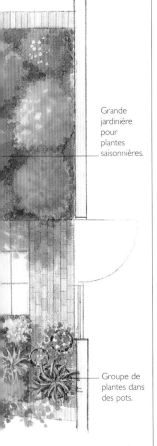

Grande jardinière pour plantes saisonnières.

Groupe de plantes dans des pots.

MOTIFS DE DALLAGE

Il existe deux types de dallage : la pierre naturelle taillée, disposée en appareillage irrégulier, et les dalles, briques et pavés de fabrication industrielle, qui permettent la création de toutes sortes de motifs *(voir p. 24)*. La taille des dalles et la découpe des motifs, ou « grilles », dépendent de la surface à couvrir. Évitez les contours tortueux, qui vous obligeraient à faire des découpes compliquées. L'aménagement devra, la plupart du temps, être suffisamment discret pour offrir une bonne toile de fond aux plantes. Les motifs peuvent toutefois être très utiles pour accentuer l'impression de largeur ou de longueur d'un jardin, ou encore pour donner une impression d'unité.

◁ SUR LA LIGNE
En alternant des rangées de traverses de bois et de pavés de granit, on crée un motif simple mais agréable. Ces lignes imposantes peuvent accentuer l'impression de longueur ou de largeur du jardin.

▽ FAITES VOS GRILLES
Réalisé avec des panneaux de dallage, ce motif donne une tout autre perception de la forme du jardin. Il impose la taille et les contours des parties plantées.

POINT DE MIRE

O<small>N A AMÉNAGÉ</small> ce jardin le long de la diagonale (45 degrés par rapport à la maison), la plus longue ligne existante, pour donner une impression d'espace *(voir pp. 23, 54 et 68)*. L'inconvénient du gravier est qu'il crisse sous la semelle, mais la surface dallée devant la porte évite que l'on transporte le gravier dans la maison. La sphère armillaire donne une unité au jardin et crée un centre d'intérêt constant.

Plantes grimpantes, persistantes et odoriférantes, placées le long de la clôture.

Banc de bois, traité avec un produit de préservation bleu, construit dans le mur de 75 cm de hauteur de la plate-bande surélevée, qui en forme le dossier.

Sphère armillaire (ancien instrument d'astronomie), point de mire au centre de 4 globes de buis (*Buxus sempervirens*).

Massif de buissons à fleurs, vivaces et herbacés, caducs et persistants, de moyenne et grande taille.

L'eau claire de ce petit bassin capte la lumière.

Dalles carrées de 45 cm de côté, posées bord à bord à 45 degrés par rapport à la maison.

QUEL JARDIN ?

- Agrandir au maximum la taille du jardin.
- Style assez classique présentant de l'intérêt toute l'année. Entretien minimal.
- Arbre pour faire de l'ombre et en même temps écran.
- Discrète coloration du matériau.
- Petit bassin.
- Coin repos.
- Décor de jardin (la sphère armillaire est ici un héritage de famille).

Paulownia tomentosa

Aire centrale de gravier (*voir p. 45*). Son niveau est légèrement inférieur à l'encadrement de briques afin que le gravier ne s'éparpille pas sur le dallage ou dans la mare.

Marche de 10 cm de hauteur, faite de briques posées sur chant. Des briques vernissées bleu cobalt, résistantes au gel, soulignent les jonctions et les angles.

L'UTILISATION DES POINTS DE MIRE

Les points de mire sont destinés soit à attirer l'œil à un endroit précis, soit à apporter un élément d'intérêt supplémentaire dans le jardin. Ce peut être des statues ou des sculptures, un cadran solaire, une vasque pour les oiseaux ou des poteries de céramique, mais aussi une plante au feuillage ou à la couleur remarquable. Ils peuvent être placés au centre d'un espace ou au bout d'une longue perspective, et parfois servir de trait d'union entre deux parties *(voir p. 34)*. Disposés au milieu d'un massif, ils créent un élément de surprise.

◁ POINT DE MIRE VÉGÉTAL
Un feuillage remarquable ressort bien sur la végétation classique qui l'entoure. Des feuilles effilées, comme celles du lin de Nouvelle-Zélande ou du yucca, créent l'effet recherché.

▽ DIGNE D'UN CADRE
Cet arceau tressé focalise l'attention vers le bassin, de facture très classique.

LES JARDINS ASCENDANTS

UN JARDIN QUI MONTE, en particulier à proximité de la maison, donne l'impression de glisser vers elle et fait paraître plus exigu son environnement. On peut atténuer cet effet en créant deux niveaux séparés par des marches *(voir p. 34)*. Dans l'exemple ci-dessous, la pelouse du haut est séparée de celle du bas par des plates-bandes surélevées faites avec des traverses de bois. La pergola qui traverse le jardin donne une impression d'espace supplémentaire. Elle est le pendant de celle qui surplombe l'entrée du jardin.

Un couple de sorbiers blancs *(Sorbus aria* 'Lutescens'*)* au magnifique feuillage gris-vert cache les maisons voisines et accentue la symétrie.

Pergola en chevrons traités sous pression *(voir p. 49)*, teinte en bleu comme celle de l'entrée. Elle fait aussi bien office d'écran et « d'entrée » vers la seconde pelouse que de support pour plantes grimpantes.

Escalier central et murs de soutènement faits de traverses de bois.

Pelouse supérieure entourée de briques ne gênant pas la tonte.

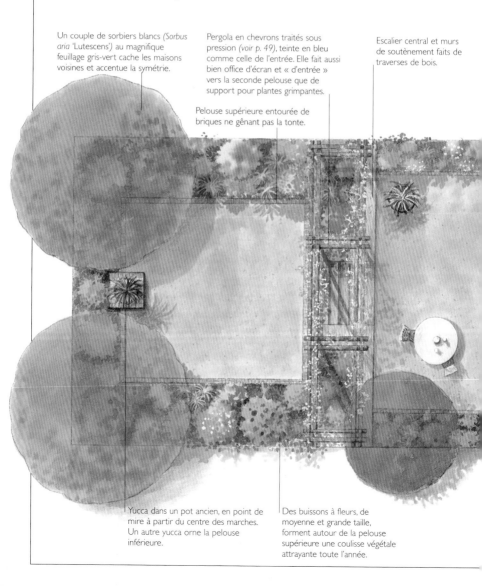

Yucca dans un pot ancien, en point de mire à partir du centre des marches. Un autre yucca orne la pelouse inférieure.

Des buissons à fleurs, de moyenne et grande taille, forment autour de la pelouse supérieure une coulisse végétale attrayante toute l'année.

QUEL JARDIN ?

- Jardin avec deux aires plates de gazon.
- Pergola couverte de plantes grimpantes et divisant le jardin en deux parties.
- Au fond, des arbres de taille moyenne cachent les maisons voisines.
- Coin repas pour deux personnes, légèrement ombragé.
- Décor végétal attrayant toute l'année.

Pelouse inférieure entourée de briques un peu plus basses que l'herbe pour faciliter la tonte.

Des plantes en pots décorent le passage latéral.

Le chemin dallé conduit au jardin en passant sous une pergola de bois teinte en bleu.

DES MARCHES BIEN CONÇUES

Des marches ne sont pas seulement fonctionnelles, elles peuvent devenir un élément décoratif important du jardin. On emploie généralement pour elles le même matériau que pour les autres parties du jardin, mais les traverses de bois *(voir ci-dessous)* sont passe-partout et faciles à poser. Les contremarches doivent être de la même hauteur *(voir p. 27)*, et l'escalier doit proposer des paliers réguliers. Si les marches prolongent un chemin, elles devront être de la même largeur que celui-ci. Si elles sont construites dans un mur de soutènement, vous devez prévoir simultanément les mesures et les matériaux. Le bord des marches est plus visible s'il surplombe un peu la marche. Prévoyez un éclairage pour les escaliers utilisés de nuit *(voir p. 55)*. Bien conçu, il met les marches en valeur.

◁ SOBRIÉTÉ
DE LA BRIQUE
Ces marches ont été construites avec le même matériau que le mur.

▽ SIMPLICITÉ
EFFICACE
Faites avec des traverses de bois et comblées avec du béton et du gravier, ces marches proposent une solution très simple pour résoudre le problème d'un chemin en lacet dans une pente.

JARDINS DE GRAVIER INFORMELS

L E GRAVIER est la surface idéale pour donner une touche informelle à un jardin. Les plantes peuvent pousser au travers, ce qui rend flou le contour des massifs. Une pergola forme un « portique » entre le dallage et le gravier, et une autre, près d'un cerisier et au-dessus d'un banc de bois, donne encore plus de charme au coin repos. La fontaine, qui jaillit d'une meule de pierre se fondant dans un décor de rocaille, agrémente le jardin de son murmure.

Sous l'ombre légère d'un cerisier, un banc et une pergola en bois (teintée comme la pergola située près de la maison).

Couleur du gravier en harmonie avec le dallage et la maison. La taille idéale des graviers est de 10 à 14 mm.

QUEL JARDIN ?

- Jardin de gravier informel.
- Sphère intime, protégée du regard du voisin (en tenant compte de l'arbre poussant chez lui).
- Murmure d'une petite fontaine.
- Disposition architecturale des plantes intéressante pour un jardinier avisé.
- Dallage de pierres naturelles près de la maison.
- Mobilier de jardin pour le coin repas.
- Coin repos ombragé.
- Pergolas avec plantes grimpantes.
- Plantes en bacs près de la maison.

Bouleau argenté
(Betula pendula),
situé dans le jardin
du voisin.

PLANTES POUSSANT DANS LE GRAVIER

Les plantes originales et typées ressortent de manière idéale sur le gravier. Celui-ci étant le terrain rêvé pour les plantes qui se reproduisent naturellement, décidez quelles parties doivent rester libres. À ces endroits, enlevez la terre végétale jusqu'au sous-sol plus compact (au besoin recouvrez-le d'une couche de béton), sur laquelle vous étendez 30 à 60 cm de gravier pour remettre la zone à niveau. Pour décourager définitivement les mauvaises herbes, étendez sous le gravier une couche de film plastique souple (ou liner). Si vous souhaitez ensuite y installer des plantes isolées, il vous suffira de faire un trou dans le gravier, de le remplir de terre et, après plantation, de recouvrir la terre de quelques centimètres de gravier.

Fontaine
jaillissant au
cœur de la
rocaille.

Massif de
plantes diverses
autour du
gravier.

PLANTE AUDACIEUSE
Pourpre, vert ou panaché, le phormium, plante simple mais pleine de vitalité, ressort très bien sur le gravier.

HÔTE DES JARDINS
Très lumineux au crépuscule, Eryngium giganteum *est une plante bisannuelle qui se reproduit naturellement.*

La pergola de
bois teinté *(voir
p. 49)* fait le lien
entre le dallage
et le gravier.

Un dallage de
pierres naturelles
appareillées en
opus romain
conduit à la
maison et sépare
celle-ci de l'aire de
gravier *(voir p. 40)*.

BORDURE VÉGÉTALE
*Les fleurs vertes d'*Alchemilla conjuncta *(ici) ou d'*A. mollis *s'étendent en une bordure vaporeuse sur le gravier.*

EXOTISME
Beau mais sensible au gel, l'agave devra être planté dans son pot et gardé sous serre en hiver.

LE CHARME DE LA GÉOMÉTRIE

NOMBREUX SONT ceux qui apprécient un jardin demandant peu d'entretien…
et donc un jardin sans pelouse. Ici, la géométrie volontaire des motifs qui
entourent les dalles de béton lavé offre une aire de repos et de divertissement.
La texture du béton, qui laisse apparaître l'agrégat, est agrémentée par la couleur
subtile des pierres. Cette surface ne glisse pas quand elle est mouillée, et le simple
entretien qu'elle demande est un coup de balai de temps en temps.

QUEL JARDIN ?

• Entretien réduit et pas de gazon.
Assortiment de buissons à fleurs demandant
peu de soin, mais attrayants toute l'année.
• Petit pavillon et coin repos, pour se
détendre et se divertir.
• Endroit pour mettre en valeur un vieux
cadran solaire hérité d'un parent.
• Murmure d'une petite fontaine.

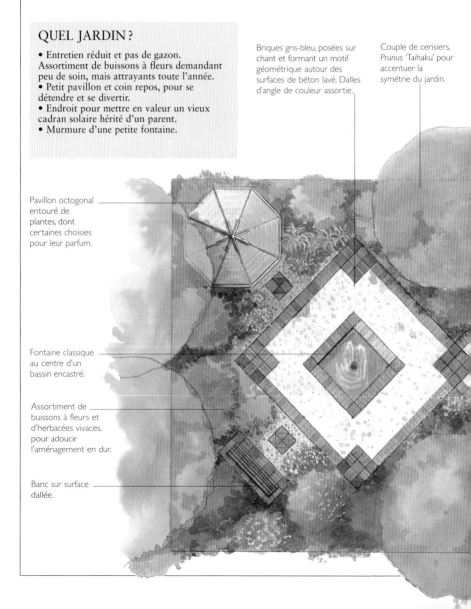

Briques gris-bleu, posées sur
chant et formant un motif
géométrique autour des
surfaces de béton lavé. Dalles
d'angle de couleur assortie.

Couple de cerisiers,
Prunus 'Taihaku' pour
accentuer la
symétrie du jardin.

Pavillon octogonal
entouré de
plantes, dont
certaines choisies
pour leur parfum.

Fontaine classique
au centre d'un
bassin encastré.

Assortiment de
buissons à fleurs et
d'herbacées vivaces,
pour adoucir
l'aménagement en dur.

Banc sur surface
dallée.

LES UTILISATIONS DU BÉTON LAVÉ

En dépit de sa mauvaise réputation, le béton est un matériau universel, relativement bon marché et même esthétique, notamment quand on le lave pour en faire ressortir les cailloux. Ceux-ci forment des mosaïques variées en fonction de leur couleur et de leur taille. Pour laver le béton, il suffit de brosser légèrement sa surface quand il est encore « vert » (il prend une teinte verdâtre juste avant de durcir). Le béton est coulé sur place, à l'intérieur d'un coffrage de bois, de brique ou de pierre, que l'on peut conserver et qui servira d'élément décoratif, comme sur le plan ci-dessous.

▷ FINE OU GROSSIÈRE
La texture du béton
varie en fonction
du calibre des
cailloux. Faites
en sorte que
leur couleur
s'harmonise bien
avec leur
environnement.

△ CONTRASTE SAISISSANT
Matériau « fluide », le béton
peut être interrompu par une
rangée de briques.

Allée aux motifs
hexagonaux inhabituels.

Cadran solaire

Banc de bois pour
faire pendant au
cadran solaire, de
l'autre côté du jardin.

JARDINS TRIANGULAIRES

PEUT-ÊTRE LA FORME de votre jardin est-elle
aussi inhabituelle et peu pratique que ce triangle
tout en longueur. Quoi qu'il en soit, vous
souhaiterez le faire paraître plus grand qu'il
n'est. Ici, l'allée promène l'œil d'un côté à l'autre
du jardin. La pergola, placée à mi-chemin,
contribue à séparer le jardin en deux espaces,
l'un ouvert devant la maison, l'autre
plus intime, dans le fond. Tirez profit
du moindre recoin, qui peut devenir
la cachette idéale d'un petit abri
de jardin.

Buissons de moyenne et de
grande tailles, de caducs et
de persistants, constituant
un écran assez dense pour
dissimuler la clôture.

Bac à sable encastré (avec
couvercle), bien en vue de la
maison. Il peut être
rebouché avec six dalles
lorsqu'il n'est pas utilisé
pendant longtemps.

Petit arbre poussant
à la limite du jardin,
qui a été conservé.

QUEL JARDIN ?

- Surface dallée près de la maison comprenant un bac à sable encastré.
- Pelouse aussi vaste que possible.
- Dense ceinture de plantes pour dissimuler le mur d'enceinte.
- Arbres et arbustes.
- Chèvrefeuille et roses grimpantes sur la pergola.
- Petit abri de jardin à l'écart.

— Un arbre de taille moyenne contribue, avec la pergola, à diviser le jardin en deux espaces dans sa longueur. La pergola crée toutefois un lien entre ceux-ci. L'allée conduit à un banc, placé sous l'arbre, puis à l'abri de jardin situé dans le coin le plus reculé.

— Plate-bande surélevée de 45 cm, en brique

— Mélange de briques et de dalles pour réaliser chemins et patio

— Massif profond et assez dense de petits buissons, dont beaucoup de persistants, protégeant l'intimité vis-à-vis des voisins.

LA PLACE DE LA PERGOLA

Une pergola peut être un élément décoratif important du jardin. Elle offre sa structure aux plantes grimpantes et fait office de « portail » entre deux espaces. Elle peut attirer le regard sur un élément précis, encadrer une vue attrayante ou, comme ici, séparer visuellement deux espaces. D'une hauteur de 2,25 m au minimum si elle supporte des plantes grimpantes, elle doit atteindre au moins 2,50 m si les fleurs sont pendantes, comme la glycine, par exemple. Plus la pergola est longue et couverte de plantes, plus elle doit être solide pour résister aux vents dominants.

△ BOIS NATUREL
Une pergola couverte de plantes grimpantes est faite pour durer. Utilisez du bois traité sous pression, sur lequel vous passerez une couche de produit de protection de couleur attrayante.

◁ LE CHARME DU MÉTAL
Une pergola métallique paraît plus aérienne. Quel que soit le matériau choisi, assurez-vous qu'elle est suffisamment solide et bien ancrée dans le sol pour résister au poids des plantes grimpantes quand elles seront adultes.

OMBRE ET DÉTENTE

UNE OMBRE LÉGÈRE, comme celle que procure l'amélanchier, *Robinia pseudoacacia* 'Frisia' et le cerisier *Prunus sargentii*, invite à la détente. Surtout en été et en ville, et d'autant plus si vous aimez manger dehors. Il est possible, même en milieu urbain, de créer une atmosphère champêtre grâce à une abondante et rafraîchissante verdure. Un coffre intégré dans un banc à l'ombre d'un arbre *(voir ci-dessous)* offre une indispensable niche de rangement.

Arbre
chez le voisin

Plantes aimant
l'ombre, qui donnent
une atmosphère
informelle et
dissimulent les
contours du gravier.

Film souple sous le
gravier *(voir p. 45)*,
pour empêcher les
mauvaises herbes
et autres plantes
de prendre racine.

Siège conçu autour
de l'arbre (qui
existait déjà),
renfermant un
coffre de
rangement.

Fontaine jaillissant
d'une meule de
pierre au cœur de la
rocaille.

QUEL JARDIN ?

- Terrasse dallée près de la maison.
- Aire de gravier informelle, entourée par vos plantes favorites, comme la fougère, le bambou, la spirée, l'hortensia, l'hellébore et l'hosta.
- Banc sous un arbre, au centre du jardin.
- Rangement pour les chaises de jardin.
- Endroit retiré pour lire et rêver.

— Groupe de trois bouleaux argentés *(Betula pendula)*

— « Retraite » de saule tressé

— Deux marches de briques posées sur chant surplombent légèrement la surface de gravier pour empêcher celui-ci de s'éparpiller.

— Courtes rangées de briques dans le dallage de pierres naturelles pour donner une impression de largeur.

RETRAITE SECRÈTE

Les « retraites » sont par définition des endroits où l'on cherche la solitude. Si elles étaient souvent, dans les grands jardins classiques, faites de branches noueuses et soigneusement décorées, elles sont aujourd'hui beaucoup plus modestes, et peuvent même être achetées par correspondance. Choisissez un matériau qui convienne au style de votre jardin : métal, bois ou même saule sur pied *(voir ci-dessous)*. Il est aisé de construire une retraite avec du bois traité et du treillage, que vous peindrez à votre convenance. Vous pouvez la parfumer en laissant une plante grimpante odoriférante couvrir ses flancs. Disposées de préférence à l'orée d'une zone de végétation dense, dans une ombre légère, elles ne doivent pas être ouvertes sur le jardin, mais donner, si possible, sur la campagne.

△ RETRAITE CHAMPÊTRE
Dans son habit de saule et de noisetier tressé, ce siège rustique sur fond de verdure est empreint de romantisme.

◁ NICHE VÉGÉTALE
Taillée directement dans la frondaison d'un saule, cette niche réclame des soins attentifs. Un pépiniériste spécialisé vous indiquera les meilleures variétés.

JARDIN FAMILIAL

EN GRANDISSANT, les enfants ont besoin de plus d'espace : pour jouer au ballon, bien sûr, mais aussi pour des jeux plus discrets. Et ce, en toute sécurité, même s'ils sont loin du regard des adultes. Une palissade suffira souvent pour les isoler des parents, alors que des arbustes seront nécessaires pour qu'ils ne se sentent pas observés par les voisins dans leurs numéros d'acrobate. Prévoyez un abri-atelier, joli et fonctionnel, pour les vélos, les jouets et autres accessoires.

QUEL JARDIN ?

- Grande pelouse, entourée de buissons résistants, pour jouer au ballon.
- Aire de jeux sûre pour les enfants.
- Coin repos sous le noyer existant.
- Grand abri, facile d'accès, servant de rangement et d'atelier.
- Barbecue pour les réunions de famille.
- Carré d'herbes aromatiques et plates-bandes surélevées.

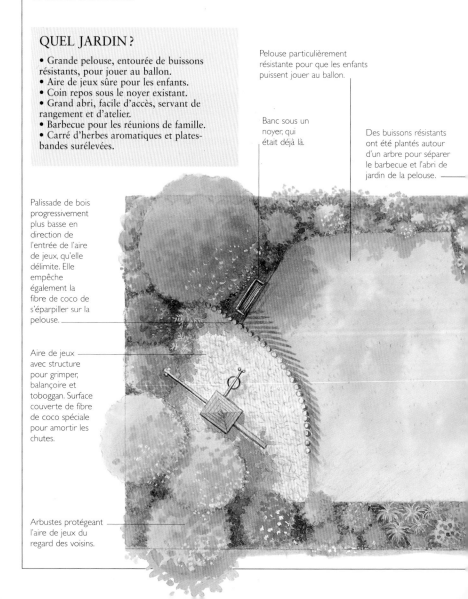

Pelouse particulièrement résistante pour que les enfants puissent jouer au ballon.

Banc sous un noyer, qui était déjà là.

Des buissons résistants ont été plantés autour d'un arbre pour séparer le barbecue et l'abri de jardin de la pelouse.

Palissade de bois progressivement plus basse en direction de l'entrée de l'aire de jeux, qu'elle délimite. Elle empêche également la fibre de coco de s'éparpiller sur la pelouse.

Aire de jeux avec structure pour grimper, balançoire et toboggan. Surface couverte de fibre de coco spéciale pour amortir les chutes.

Arbustes protégeant l'aire de jeux du regard des voisins.

L'AIRE DE JEUX

La sécurité est primordiale dans une aire de jeux *(voir p. 15)*. Assurez-vous que l'équipement, acheté ou fait maison, est bien installé. Inspectez régulièrement les balançoires et les portiques, qui doivent avoir suffisamment d'espace autour d'eux. Une bonne couche de sable ou de fibre de coco amortit les chutes. Les équipements ont moins besoin d'être sophistiqués que de stimuler les jeux créatifs.

△ LES PLAISIRS DU SABLE
Le couvercle de plastique du bac à sable offrira une surface idéale pour les jouets à roues et empêchera les animaux de souiller le sable.

▽ LE COIN DES ACROBATES
Un portique de bois (sans échardes) se fond discrètement dans le jardin. Les modèles en plastique sont plus voyants, mais faciles à monter.

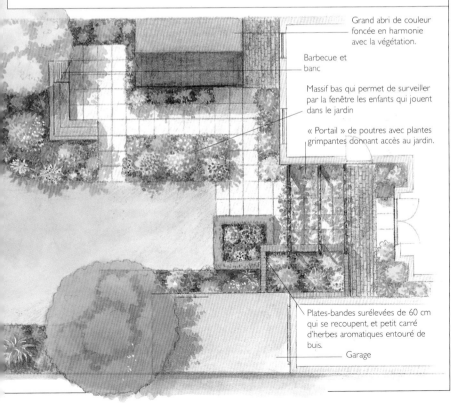

Grand abri de couleur foncée en harmonie avec la végétation.

Barbecue et banc

Massif bas qui permet de surveiller par la fenêtre les enfants qui jouent dans le jardin

« Portail » de poutres avec plantes grimpantes donnant accès au jardin.

Plates-bandes surélevées de 60 cm qui se recoupent, et petit carré d'herbes aromatiques entouré de buis.

Garage

Un Lieu de Rencontre

BEAUCOUP DE GENS souhaitent employer leur jardin comme une « pièce extérieure » où ils pourront s'asseoir en famille ou entre amis. Comme certains plans présentés dans cet ouvrage, celui de ce jardin est en diagonale pour donner un maximum d'espace au barbecue et au coin repas. Les chaises longues prennent leurs aises entre la végétation luxuriante et le murmure apaisant des fontaines.

Digitale à larges feuilles, *Paulownia tomentosa*, pour cacher une vue affreuse à partir du coin repas.

Mur d'enceinte couvert de plantes grimpantes pour accentuer la luxuriance de la végétation.

Barbecue avec rangements

Cordylines à feuilles pourpres, dont le feuillage surprenant contribue (avec d'autres plantes) à donner une atmosphère exotique.

Fontaine jaillissant au cœur d'une rocaille qui s'harmonise avec le dallage.

QUEL JARDIN ?

• Barbecue et coin repas dans une ombre légère.
• Entretien minimal.
• Éclairage intime pour les dîners nocturnes.
• Fontaines joliment éclairées au murmure reposant.
• Végétation luxuriante, dont beaucoup de plantes au feuillage architectural afin de créer une atmosphère exotique.

Mur de brique en demi-cercle épousant la forme de la table. Le coin repas bénéficie de l'ombre agréable d'une structure de bois sur laquelle poussent des plantes grimpantes.

Bassins surélevés de 30 et 45 cm, avec un angle commun par lequel l'eau s'écoule en cascade douce. Les bords du bassin supérieur peuvent servir de banc.

Deux petites marches, faites de briques sur chant, donnent de l'intérêt à une surface plane.

Briques et dalles pour créer une surface intéressante. Leur motif construit sur une diagonale donne une impression d'espace.

L'ÉCLAIRAGE DU JARDIN

Un éclairage donne une nouvelle dimension au jardin. Il permet de poursuivre tard la nuit une discussion entre amis, et aide à franchir en toute sécurité les marches. Une alimentation basse tension donne un éclairage plus faible, mais plus intime. Des lampes plus puissantes doivent être alimentées par des câbles blindés, enterrés à 45 cm de profondeur au moins (près de la maison, des lampes peuvent être aisément fixées dans le mur). Demandez conseil à un spécialiste qui vous guidera, démonstration à l'appui, parmi les nombreuses possibilités. Confiez l'installation à un électricien qualifié.

◁ SOUS LES MASSIFS
Éclairer le feuillage d'un arbre par en dessous fait ressortir la forme et la couleur des feuilles. Un spot peut aussi mettre une statue en valeur.

▽ CRÉPUSCULE
Conversation intime entre amis à la lueur des bougies. Des spots, installés au ras du sol, mettent l'arbre en relief au milieu du jardin.

LES PELOUSES

L'ATMOSPHÈRE VARIE au sein de votre jardin avec la végétation, mais aussi en fonction de la nature du sol. Comme il faut que ce dernier soit fonctionnel près de la maison, il sera généralement recouvert de briques ou de dalles de béton lavé *(voir p. 47)*. Une pelouse aux contours irréguliers fera ensuite doucement la transition avec le fond du jardin, de style plus naturel et entouré de hautes herbes parsemées de fleurs.

QUEL JARDIN?

• Surface fonctionnelle et résistante près de la maison.
• Pelouse classique et ceinture végétale variée, comprenant des cerisiers.
• Aire « naturelle » avec arbres et banc.
• Petit espace ombragé juste devant la maison.

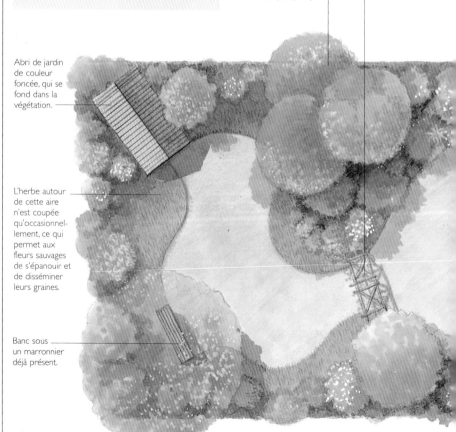

Arbres de petite taille isolant le fond du jardin et préservant l'intimité vis-à-vis des voisins. Plantés de part et d'autre des arceaux, ils font office d'écran *(voir p. 22)*.

Arceaux rustiques couverts de chèvrefeuille indiquant l'entrée de l'aire « naturelle ».

Abri de jardin de couleur foncée, qui se fond dans la végétation.

L'herbe autour de cette aire n'est coupée qu'occasionnel-lement, ce qui permet aux fleurs sauvages de s'épanouir et de disséminer leurs graines.

Banc sous un marronnier déjà présent.

MÉTAMORPHOSER LA PELOUSE

Si vous êtes las des pelouses classiques et rases, laissez-la pousser à différentes hauteurs. Le plus simple est encore d'en faire une prairie.

Tondez alors des allées au milieu de l'herbe haute *(à droite)*, ou laissez les fleurs sauvages s'épanouir dans une ceinture d'herbes folles autour d'une pelouse régulièrement tondue *(plan ci-dessous)*. Une prairie ne sera tondue que deux fois par an, et en aucun cas avant que les fleurs n'aient disséminé leurs graines. Pour transformer une pelouse en prairie, introduisez de petites plantes au milieu de l'herbe. Si votre terrain est vierge, semez un gazon « prairie » avec des graines de fleurs sauvages. Si vous souhaitez faire quelque chose de particulièrement original, tondez votre pelouse en labyrinthe.

DE DÉLICIEUX PETITS CHEMINS
Utilisez une faucheuse pour tondre les allées au milieu d'une herbe haute. Profitez de chaque nouvelle tonte pour en changer le tracé.

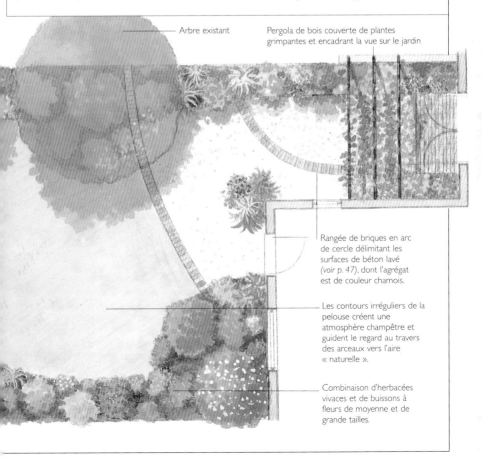

Arbre existant

Pergola de bois couverte de plantes grimpantes et encadrant la vue sur le jardin

Rangée de briques en arc de cercle délimitant les surfaces de béton lavé *(voir p. 47)*, dont l'agrégat est de couleur chamois.

Les contours irréguliers de la pelouse créent une atmosphère champêtre et guident le regard au travers des arceaux vers l'aire « naturelle ».

Combinaison d'herbacées vivaces et de buissons à fleurs de moyenne et de grande tailles.

ACCÈS ET ENTRETIEN AISÉS

CE JARDIN EST CONÇU pour une personne handicapée se déplaçant en fauteuil roulant. Il conviendrait toutefois à toute personne éprouvant des difficultés à se baisser. Les surfaces pavées ont été mises en valeur par une combinaison de dalles et de briques. Les plantes sont le plus souvent installées dans des plates-bandes surélevées, et on dispose de plusieurs sièges pour se détendre.

Barbecue et banc utilisant le mur d'une plate-bande surélevée (1,10 m) comme dossier

Arbre existant

Plate-bande d'angle surélevée, un peu plus basse que les autres, pour les herbes aromatiques

Plate-bande surélevée de 60 cm le long du mur d'enceinte, facile d'accès pour permettre de planter et de désherber, et réalisée avec les mêmes briques que certaines parties du sol.

Bassin encastré (aux bords surélevés par mesure de sécurité), qui accentue la quiétude du jardin. L'arbuste sur le bord a été conservé, mais évitez de disposer une mare près d'un arbre à cause de l'ombre et des feuilles mortes.

Massifs au niveau du dallage composés d'arbustes demandant peu d'entretien.

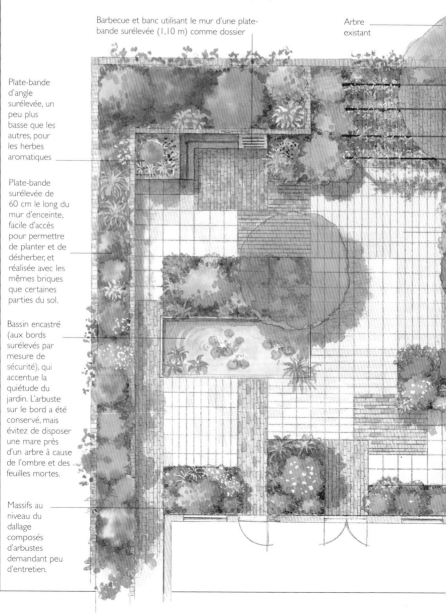

QUEL JARDIN ?

- Espaces dégagés permettant de se déplacer aisément en fauteuil roulant. Aucune marche.
- Plates-bandes surélevées demandant peu d'entretien et pourvues de plantes odoriférantes.
- Coin repas et coin repos accessibles, au soleil et mi-ombragé.
- Cabane de rangement.
- Décor aquatique avec poissons.

Coin repos bénéficiant de l'ombre légère d'une pergola couverte de plantes grimpantes.

L'alternance de dalles moulées et de briques donne de l'intérêt au sol. Accès et entretien aisés.

Banc classique, niché dans une haie d'ifs

Grand abri de jardin avec de larges portes, accessible par une allée dallée

LES PLATES-BANDES SURÉLEVÉES

Elles sont en bois, en pierre ou, plus souvent encore, en brique. À cause du poids de la terre, les plates-bandes surélevées d'une hauteur de plus de huit briques doivent posséder de solides fondations, d'une profondeur égale au double de l'épaisseur du mur. Leur drainage est crucial : il faut ameublir le sous-sol et étendre du gros gravier avant de remplir avec 45 cm de terre *(voir p. 17)*. La hauteur de ces plates-bandes peut atteindre 1,10 m, mais une hauteur de 60 cm sera plus adaptée pour une personne handicapée, qui peut se trouver fort aise de poignées ou de rails fixés dans le mur.

◁ L'ATOUT DU BOIS
On peut disposer horizontalement des rondins, de grosses poutres ou des traverses de bois. Si on les installe verticalement, ils devront être profondément enfoncés dans le sol.

▽ CASCADE VÉGÉTALE
Les plates-bandes surélevées mettent en valeur les plantes rampantes qui retombent en cascade sur le bord. Celles-ci adoucissent le contour rigide du muret de la plate-bande.

DES MIROIRS POUR UN TROMPE-L'ŒIL

L'UTILISATION JUDICIEUSE de miroirs fait paraître plus grand le plus petit des jardins. Dans cette minuscule cour citadine, deux miroirs ont été placés à l'intérieur d'arceaux pour donner l'impression qu'ils ouvraient sur d'autres parties du jardin. Sans miroir, une telle profusion de plantes dans un si petit lieu engendrerait une atmosphère étouffante. Étudiez bien la position des miroirs pour en tirer le meilleur parti *(voir aussi p. 68)*.

Miroir qui, disposé dans un arceau de fer forgé, donne l'illusion que le jardin continue derrière.

Massif de buissons à fleurs ou non, persistants et caducs

Pierres naturelles, appareillées en opus romain et bordées de briques, s'harmonisant avec le mur

Escalier descendant à la cave, dont le mur borde les plates-bandes surélevées de chaque côté.

QUEL JARDIN ?

• Agrandir visuellement le jardin.
• Beaucoup de plantes au feuillage intéressant, et des plantes grimpantes pour habiller les murs.
• Conserver l'arbre au coin du jardin.
• Dallage en harmonie avec le mobilier de jardin en fer forgé existant, recouvrant tant le sol que les marches menant à la porte de la maison.

Marches qui montent vers la porte de la maison.

Arbre de taille moyenne, qui a été conservé pour son ombre légère. Il est entouré de plantes au feuillage remarquable, comme des bambous, des lauriers et des fougères.

L'UTILISATION DES MIROIRS

Le miroir que vous utilisez doit résister aux intempéries. Vous pouvez, si vous le préférez, utiliser une surface réfléchissante imitant le miroir, comme celles utilisées pour les foires et les décors de théâtre. Un arceau, du treillage ou un vieux cadre de fenêtre seront idéaux pour dissimuler les contours du miroir, mais il peut aussi se perdre dans la végétation. Judicieusement placé près d'un bassin, un miroir le fait paraître deux fois plus grand.

◁ EFFET DE REFLET
Un miroir peut créer une illusion ou n'être qu'un simple élément de décor. Dans son magnifique cadre de mosaïque, ce miroir apporte un souffle de légèreté dans la végétation.

▽ ENTRETENEZ L'ILLUSION
Si vous souhaitez franchir cette voûte, vous risquez fort de vous heurter à votre propre reflet. Évitez toutefois de placer un miroir en face de l'entrée du jardin, vous en auriez vite assez de vous apercevoir chaque fois que vous y pénétrez.

Un second miroir, dissimulé dans un autre arceau de fer forgé, donne ici aussi l'illusion que le jardin continue derrière.

Massif de plantes et d'herbes aromatiques, sous la fenêtre.

UNE COUR MINUSCULE

FAITES LE PLUS SIMPLE possible, et vous serez surpris de voir combien d'éléments différents peut accueillir un très petit espace. Les dalles de pierre naturelle forment une petite terrasse qui mène, une marche plus bas, dans la zone centrale de la cour. Recouverte de graviers, elle est entourée de plates-bandes surélevées dont les murets, qui s'harmonisent avec la maison, contribuent à la symétrie du jardin. Enfin, une fontaine murale murmure agréablement face au coin repas, niché à l'ombre d'une pergola de bois couverte de plantes grimpantes.

Plate-bande surélevée en briques de 60 cm de haut, identique à l'autre plate-bande d'angle

Fontaine murale surplombant un bassin surélevé, construit dans le même matériau. Elle est encadrée par des treillis couverts de plantes grimpantes.

Aire centrale de gravier, située 15 cm au-dessous du niveau des dalles et bordée par des briques assorties, posées à plat

QUEL JARDIN ?

- Partie centrale en gravier, les autres étant dallées ou plantées.
- Jardin symétrique, assez classique.
- Entretien minimal, plates-bandes surélevées.
- Murmure d'une fontaine.
- Coin repas pour quatre personnes, à l'ombre d'une pergola.

Treillis d'angle sur lesquels grimpent des clématites fleurissant à des époques différentes.

Coin repas à l'ombre d'une vigne grimpante. Le sol est couvert avec des dalles de pierre naturelle, comme l'entrée du jardin.

Plate-bande surélevée en briques, située juste en face de la fontaine et de la même hauteur que les deux plates-bandes d'angle

Dalles de pierre naturelle, appareillées en opus romain, à 45 degrés par rapport à la façade de la maison

L'EAU COMME ORNEMENT

Dans un petit jardin, les éléments décoratifs aquatiques doivent être aussi simples que possible. Il vous faudra demander l'avis d'un spécialiste pour installer le bassin, la pompe et la fontaine adaptés à votre jardin, et ce quels que soient leur taille et leur style *(voir p. 16)*. Une fontaine d'eau vive au murmure plaisant nécessite une alimentation électrique qui devra être posée avant le dallage, qu'elle soit murale *(voir ci-dessous)*, de rocaille ou jaillissant d'une meule de pierre *(voir pp. 44, 50 et 54)*. Ces fontaines, qui ne comportent pas de bassin, sont sans danger pour les enfants.

△ LE LION VEILLE
Rempli de cailloux, le bassin d'une fontaine n'en est que plus attractif.

◁ LE CHARME D'UN BAC
Ce petit décor aquatique ne demande aucune installation complexe. Vous pouvez utiliser un grand pot de céramique vernie ou une vasque de fer forgé. Songez néanmoins à les rentrer en hiver, car le conteneur risque de se fendre si l'eau gèle.

Un Coin Potager

Q UI NE SOUHAITERAIT PAS, même dans le plus petit jardin, cultiver son carré de légumes ? Beaucoup d'herbes aromatiques et certains légumes, comme les salades et les haricots grimpants, se fondent dans un jardin d'agrément sans l'enlaidir. D'autres exigent un espace qui leur sera réservé, avec petite serre pour l'hiver et un compost. Ici, une haie en arc de cercle sépare les deux espaces, tout en s'intégrant parfaitement dans l'esthétique générale du jardin.

QUEL JARDIN ?

• Potager avec une petite serre et un compost à deux compartiments.
• Patio avec bassin surélevé et barbecue.
• Herbes aromatiques près de la cuisine.
• Abri de jardin accessible pour ranger les vélos et l'étendage à linge. Recoin pour dissimuler la poubelle.
• Assortiment de plantes permettant de conserver trois arbres, dont l'un abrite un banc.

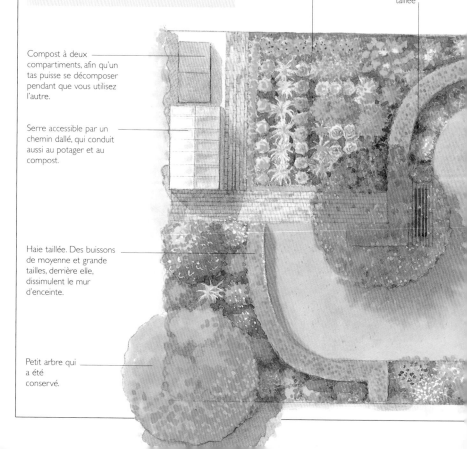

Potager en grande partie dissimulé par la haie. L'arbre a été conservé pour abriter un banc, mais les légumes auraient préféré un espace lumineux et aéré, sans la concurrence de ses racines.

Massif de petites plantes vivaces et de buissons au pied d'une haie taillée

Compost à deux compartiments, afin qu'un tas puisse se décomposer pendant que vous utilisez l'autre.

Serre accessible par un chemin dallé, qui conduit aussi au potager et au compost.

Haie taillée. Des buissons de moyenne et grande tailles, derrière elle, dissimulent le mur d'enceinte.

Petit arbre qui a été conservé.

JOINDRE L'UTILE À L'AGRÉABLE

Les jardins d'agrément doivent aussi répondre aux besoins de la vie courante, comme l'étendage du linge et le rangement de la poubelle. Il conviendra de trouver des solutions adaptées dès la conception du jardin. Un treillage peut dissimuler une poubelle, un coffre dans un banc accueillir de petits accessoires, et le barbecue offrir une niche au charbon de bois, mais le rangement reste le problème numéro un. Avec un peu d'imagination, vous ferez d'une cabane un élément décoratif à part entière de votre jardin *(voir p. 29)*.

VOÛTE VÉGÉTALE
Les courges ou les arbres fruitiers en palissade forment un décor végétal aussi utile qu'agréable sur un abri.

ABRI MALIN
Avec sa façade de baie vitrée, cet abri fait aussi bien office de rangement que de châssis à semis.

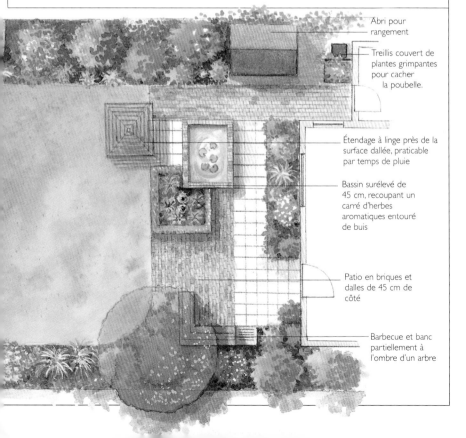

Abri pour rangement

Treillis couvert de plantes grimpantes pour cacher la poubelle.

Étendage à linge près de la surface dallée, praticable par temps de pluie

Bassin surélevé de 45 cm, recoupant un carré d'herbes aromatiques entouré de buis

Patio en briques et dalles de 45 cm de côté

Barbecue et banc partiellement à l'ombre d'un arbre

JARDIN CLASSIQUE

U N JARDIN au style classique communique une sensation de calme et de stabilité, peut-être par son agencement proche de celui des jardins monastiques. Celui-ci, avec ses motifs répétés au cœur des carrés de buis et son dallage en chevrons, autour d'un axe central marqué, symbolise le style classique. On l'utilise surtout avec des constructions traditionnelles, mais son association avec une maison moderne peut créer un effet saisissant *(voir p. 71)*.

QUEL JARDIN ?

- Jardin de style classique, aux éléments résolument symétriques.
- Éléments intéressants en toute saison.
- Carrés de buis et arbres taillés symétriquement.
- Coin repos isolé et légèrement ombragé.
- Écran végétal au fond pour dissimuler un mur d'usine.
- Emplacement pour mobilier de jardin en fer forgé.

Quatre massifs carrés entourés de persistants *(Buxus sempervirens)*, tout aussi beaux en hiver qu'en été. Les cônes symétriques soulignent l'allée centrale.

Aire supérieure couverte de briques disposées en chevrons

Carrés aux motifs identiques de plantes à fleurs

Deux plantes en bacs sur des piliers de brique flanquent les marches qui mènent au coin repos.

Marches en pierres naturelles menant au coin repos, qui est situé à l'ombre d'une pergola couverte de plantes grimpantes.

Plates-bandes surélevées avec des buissons de moyenne et grande tailles ainsi que des plantes grimpantes, pour dissimuler les constructions voisines.

LES INGRÉDIENTS DU STYLE CLASSIQUE

Le classicisme d'un jardin repose surtout sur les motifs des massifs avec leurs haies taillées très bas. On utilise traditionnellement le buis, mais des plants de *Berberis thunbergii* nains, le cultivar 'Bagatelle', par exemple, ainsi que la santoline ou la lavande conviennent parfaitement. Autrefois remplis de graviers, les carrés sont maintenant mis en valeur par des plantes. Les éléments décoratifs et les accessoires, comme les jardinières de terre cuite ou les bancs de pierre, devront être classiques pour respecter l'harmonie de l'ensemble, mais le verre, le métal ou le plastique y trouveront leur place. La précision de la géométrie est cruciale, et il convient d'en faire auparavant un plan très détaillé.

GÉOMÉTRIE CLASSIQUE
La taille des plantes est importante pour renforcer la symétrie du jardin. Les cônes de buis sont impeccablement taillés, et le chemin est flanqué de « colonnes » de laurier.

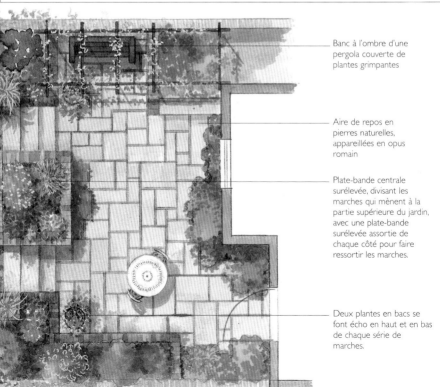

Banc à l'ombre d'une pergola couverte de plantes grimpantes

Aire de repos en pierres naturelles, appareillées en opus romain

Plate-bande centrale surélevée, divisant les marches qui mènent à la partie supérieure du jardin, avec une plate-bande surélevée assortie de chaque côté pour faire ressortir les marches.

Deux plantes en bacs se font écho en haut et en bas de chaque série de marches.

LE CAILLEBOTIS

L E CAILLEBOTIS est une excellente manière de prolonger la maison hors des murs, car il peut être posé au niveau du sol, sans souci d'étanchéité. Fixé sur des traverses de bois, il laisse circuler l'eau et l'air, et ne demande qu'à être régulièrement brossé pour ne pas devenir glissant. Il peut être peint dans des coloris plaisants, avec de la peinture pour bateaux contenant un petit gravillon antidérapant du plus bel effet.

Plates-bandes surélevées faites avec des traverses de bois

Décor aquatique dans une vasque de fer forgé, encastrée dans le caillebotis

Miroir encadré fixé au mur et réfléchissant les plantes de l'autre côté du jardin (*voir p. 61*)

Traverses de bois formant une bordure pour les plantes et délimitant l'aire de gravier

QUEL JARDIN ?

- Surface facile d'entretien, pas de gazon.
- Agrandir au maximum le jardin et le rendre attrayant, éventuellement avec des miroirs.
- Plate-bande surélevée au fond pour cacher un bâtiment inesthétique.
- Coin repas avec un écran pour le cacher de la vue des voisins.
- Petit décor aquatique dans une vieille vasque de fer forgé.

Miroir d'angle pour donner au jardin une impression de profondeur

Écran métallique peint sur lequel s'épanouissent des plantes grimpantes offrant un écran pour dissimuler le coin repas.

L'aire centrale de gravier se trouve 15 cm en dessous du niveau des traverses et du caillebotis.

Caillebotis, peint avec de la peinture antidérapante bleu pâle et posé au niveau du sol, à 45 degrés par rapport à la maison.

L'UTILISATION DES CAILLEBOTIS

Le caillebotis se pose selon le même principe que le plancher d'une maison : des planches sont clouées ou vissées sur des traverses de bois. Il doit être installé dans les règles de l'art, en particulier s'il jouxte la maison, et en tenant compte des réglementations locales en vigueur. Demandez conseil à votre fournisseur mais, dans la plupart des cas, un bois tendre, de bonne qualité et traité sous pression sera suffisant. Vous pouvez le peindre *(voir ci-contre)* ou le teindre de la couleur de votre choix pour l'embellir et améliorer sa résistance aux intempéries.

▷ MARCHES TOURNANTES
On peut tout demander au bois, en particulier de suivre les courbes d'un escalier et les contours d'une plate-bande.

▽ ÉCHIQUIER
Ce type de caillebotis peut être posé directement sur un gravier grossier, qui assurera le drainage en dessous. Les rainures l'empêchent de devenir glissant les jours de pluie.

UNE APPROCHE ABSTRAITE

QUE VOUS VIVIEZ dans une demeure traditionnelle ou dans une maison moderne, vous pouvez ressentir un jour le besoin de faire quelque chose qui sort de l'ordinaire et change des schémas classiques bidirectionnels. Partant de la porte, des lignes en éventail sont ici reliées entre elles par une succession d'arcs de cercle. Les contours précis des matériaux modernes contrastent avec la végétation en un ensemble qui tient de la peinture abstraite.

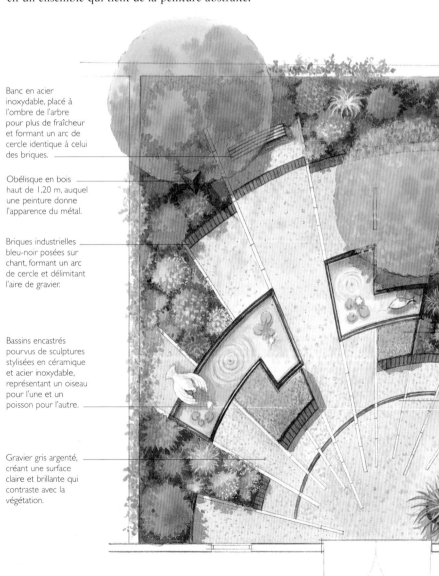

Banc en acier inoxydable, placé à l'ombre de l'arbre pour plus de fraîcheur et formant un arc de cercle identique à celui des briques.

Obélisque en bois haut de 1,20 m, auquel une peinture donne l'apparence du métal.

Briques industrielles bleu-noir posées sur chant, formant un arc de cercle et délimitant l'aire de gravier.

Bassins encastrés pourvus de sculptures stylisées en céramique et acier inoxydable, représentant un oiseau pour l'une et un poisson pour l'autre.

Gravier gris argenté, créant une surface claire et brillante qui contraste avec la végétation.

QUEL JARDIN ?

- Ensemble moderne et original.
- Aire de gravier de couleur claire, réfléchissant la lumière.
- Décor aquatique.
- Quelques éléments décoratifs inhabituels, comme des sculptures.
- Banc à l'ombre d'un arbre.
- Intéressant toute l'année, avec des plantes persistantes.

Massif de plantes, dont beaucoup de persistants et de buissons au feuillage vigoureux

Bouleau (Betula utilis, var. jacquemontii), pourvu d'une écorce blanche éblouissante

Mur peint de couleur pâle pour refléter la lumière. Des plantes grimpantes le couvrent, formant des motifs décoratifs.

Carrés de buis (Buxus sempervirens) taillés à 35 cm de hauteur

Matériau en fibre de verre noire extrêmement brillante, pour les arcs de cercle et le bord des bassins

LES NOUVEAUX MATÉRIAUX

À conception hors du commun, matériaux inhabituels !
Dans ce jardin, on fait cohabiter l'acier inoxydable
des sculptures avec la ligne luisante de la fibre de verre,
et un obélisque de bois s'habille de métal. Vous pouvez
conjuguer tous les éléments du jardin dans les couleurs,
les textures et les matériaux les plus inattendus : pavés de
verre, cordages, etc. Des pépites de verre (un produit dérivé
du recyclage des bouteilles) font un excellent paillage.
Les brocantes sont des endroits privilégiés pour trouver
toutes sortes de vieux objets qui ne demandent
qu'à devenir sculptures, écrans, bordures ou conteneurs.

◁ SENTIER FÉERIQUE
Le miroitement des boules de céramique vitrifiée dans le ciment de ce chemin est mis en relief par une bordure de galets.

▽ MUR TRANSPARENT
Des pavés de verre font un écran original. Tout conteneur improvisé, comme ce pot de fleurs en métal galvanisé, devra être pourvu de trous pour faciliter le drainage.

LES BASES DE LA CONCEPTION

P RENDRE DES MESURES EXACTES et faire un plan à l'échelle peut paraître, de prime abord, pure perte de temps. Mais avec les techniques suivantes, vous ferez un plan cohérent et facile à appliquer sur le terrain. Faites tout d'abord une vue d'ensemble, puis un plan de base *(voir p. 75)*, et enfin, quand votre projet est mûr, un plan de détail *(voir p. 77)*. Reportez celui-ci sur le terrain en traçant les lignes avec du sable, vous vous assurerez ainsi que les proportions vous conviennent et pourrez procéder aux modifications éventuelles.

LA VUE D'ENSEMBLE

Avant de vous atteler à la conception, il convient de faire une vue d'ensemble du jardin avec tous les éléments existants et les détails du mur de la maison donnant sur le jardin. Vous pouvez alors faire un plan de base à l'échelle : n'hésitez pas à vous procurer une règle qui convertira les échelles les plus courantes (dans les magasins de fournitures pour dessinateurs). Faites ensuite un plan d'ensemble, en tenant compte des éléments à conserver, comme un arbre ou une cabane. Pour ce faire, armez-vous d'une chaîne d'arpenteur,

d'un mètre ruban de trois mètres, de papier, d'un support pour dessiner et d'un crayon. Avant de mesurer, faites une esquisse à main levée des éléments existants, en commençant par la maison et les autres constructions, et en indiquant les portes et les fenêtres. Reportez ensuite toutes les cotes sur le dessin. L'esquisse ci-dessous (vue d'ensemble pour le jardin vu page 64) indique comment prendre les « mesures directrices » en fonction des éléments existants, comme des massifs, par exemple.

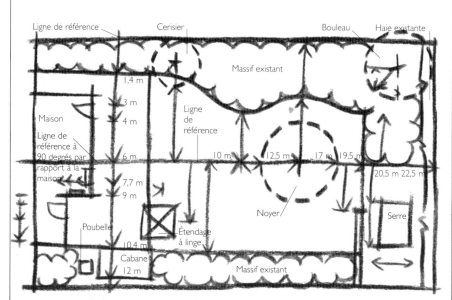

VUE D'ENSEMBLE *Déterminez deux lignes de référence pour la première série de mesures, une dans la longueur et une dans la largeur (près de la maison pour les dimensions des portes et des fenêtres). Relevez ensuite toutes les dimensions (indiquées par les flèches), y compris celles des constructions, des arbres et des bordures.*

DÉTERMINER LA POSITION DES ARBRES

La méthode la plus simple pour déterminer exactement la position d'un arbre est celle de la triangulation. Elle consiste tout simplement à prendre deux mesures entre le tronc et des points fixes, les angles de la maison, par exemple. Indiquez-les sur une esquisse, puis reportez-les sur le plan avec un compas pour déterminer la position exacte de l'arbre. Cette méthode est particulièrement appropriée pour les jardins comprenant peu d'éléments.

LOCALISER UN ARBRE
Faites une esquisse tenant compte des deux mesures. Dessinez la maison à l'échelle, puis tracez à l'aide d'un compas deux arcs de cercle, chacun d'eux à partir d'un des angles de la maison et ayant pour rayon la mesure relevée entre l'arbre et cet angle de mur. Le tronc de l'arbre sur le plan se trouvera à l'intersection de ces arcs de cercle.

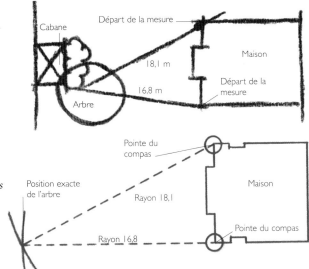

Cabane

Départ de la mesure

Maison

18,1 m

16,8 m

Départ de la mesure

Arbre

Pointe du compas

Position exacte de l'arbre

Maison

Rayon 18,1

Rayon 16,8

Pointe du compas

DÉTERMINER LES LIMITES D'UN JARDIN COMPLIQUÉ

La triangulation peut aussi servir à déterminer la position du coin d'un mur. Celle-ci est particulièrement utile pour les jardins aux contours compliqués, comme celui dont le plan est relevé page 48. La triangulation pourra indiquer la position exacte de l'angle le plus éloigné. Le principe est exactement le même que pour déterminer l'emplacement d'un arbre *(voir ci-dessus)*.

DESSINER LES CONTOURS DU JARDIN
Prenez les mesures (x et y, puis a et b) entre les angles de la maison et les coins du jardin, puis reportez-les sur le plan, à l'échelle, à l'aide d'un compas.

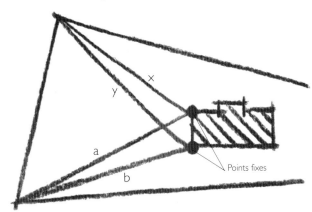

x

y

a

b

Points fixes

CALCULER LES DÉNIVELLATIONS

Si votre jardin est en pente, il vous faudra déterminer le degré et l'orientation de la dénivellation. Descend-il vers l'avant du jardin, en travers ou en biais, d'un angle vers l'angle opposé ? Ce calcul est facile à faire dans la plupart des petits jardins ; le cas échéant, utilisez la méthode suivante.

QUELQUES MÉTHODES SIMPLES

• Comptez les rangées de briques d'un mur aux deux extrémités, faites la différence et multipliez le nombre obtenu par l'épaisseur d'une brique.
• Si le mur d'enceinte est en panneaux préfabriqués, faites le cumul des différences de hauteur entre tous les panneaux.
• Choisissez un point de référence, un regard par exemple, et calculez tous les autres niveaux en positif ou négatif par rapport à ce point.

Reportez la hauteur de l'autre piquet (x) sur celui-ci, et mesurez la différence de niveau (y).

Niveau de maçon

Latte d'aluminium

Mesurez la distance entre le haut du piquet et le sol, puis reportez cette mesure (x) sur l'autre piquet.

x   x

y

K   2 m   ⋊

CALCULER UNE DÉNIVELLATION
Enfoncez deux piquets dans le sol, posez dessus une latte d'aluminium, par exemple, et un niveau de maçon pour vérifier l'horizontalité. La différence de niveau sur cette distance, ici de 2 m, est égale à y. Répétez cette opération aussi souvent que nécessaire dans votre jardin.

TENEZ COMPTE DES BRANCHEMENTS

Il serait trop simple de faire comme si ce qui est dans le sous-sol de votre jardin n'existait pas : canalisations d'eau et de gaz, raccordements électriques et autres drainages. Connaître leur emplacement exact et leur tracé est indispensable avant de creuser un bassin ou de daller une surface pourvue d'un drainage souterrain. Certaines informations sont dans l'acte notarié, mais il faut les confirmer en les recoupant avec les raccordements à la maison.

LOCALISER LES DRAINS
En observant le regard et en notant dans quelle direction partent les tuyaux, il est souvent facile de reconstituer le réseau de drainage. Versez au besoin un seau d'eau dans le pluvial pour déterminer la profondeur des drains, et savoir où va quoi et comment. Le schéma ci-contre montre un exemple de réseau de drainage.

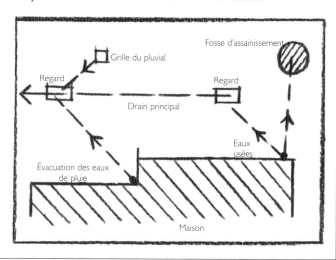

Grille du pluvial

Fosse d'assainissement

Regard

Regard

Drain principal

Eaux usées

Évacuation des eaux de pluie

Maison

Dessinez votre Plan

Une fois le schéma d'ensemble terminé, que tout a été mesuré et reporté sur le plan, il vous faut décider des éléments à conserver et des modifications à apporter. Le plan ci-dessous, fait à partir du jardin proposé page 72, montre les éléments à conserver. En vous référant à la liste ci-dessous *(voir encadré)*, notez les éléments susceptibles d'influencer votre plan.

Transférez toutes ces informations sur un plan à l'échelle en le calquant, en le reportant point par point ou en le dessinant à l'aide d'un convertisseur d'échelle. C'est à partir de ce plan-là que vous introduirez les nouveaux éléments. Indiquez l'emplacement des portes et des fenêtres, qui peut se révéler essentiel.

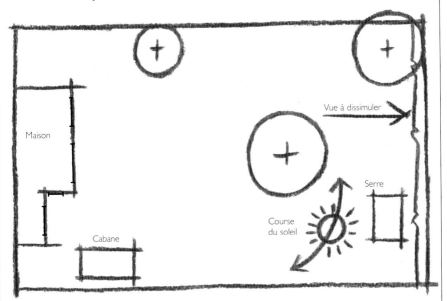

Vue à dissimuler

Maison

Serre

Course
du soleil

Cabane

LE PLAN DE BASE
C'est à partir du plan d'ensemble et du schéma ci-dessus avec les éléments à conserver que vous ferez votre plan à l'échelle. Notez les dimensions des portes et des fenêtres, la course du soleil et les vents dominants (s'ils peuvent poser un problème), les vues, bonnes et mauvaises, et si nécessaire les autres éléments de la liste. Utilisez du papier calque, qui vous permettra de travailler différentes idées. Ce plan est celui à partir duquel fut conçu le jardin de la page 64.

LISTE DES ÉLÉMENTS À OBSERVER

Avant de commencer votre plan, assurez-vous que vous êtes en possession de tous les éléments susceptibles d'influencer :
• Ensoleillement ;
• Vents dominants ;
• Vues, bonnes et mauvaises ;
• Ombres des arbres et des constructions voisines ;
• Position des arbres et des bâtiments existants, comme une cabane ou une serre ;
• Orientation et inclinaison de tous les dénivelés ;
• Tracé du drainage ;
• Position des tuyaux et des câbles alimentant la maison en eau, en gaz et en électricité ;
• Niveau exact de la couche d'étanchéité de la maison (le dallage doit se situer 15 cm au-dessous).

Le Plan de Détail

Quand vous êtes satisfait de votre réalisation, faites le plan de détail *(voir page ci-contre)* et appliquez-le sur le terrain. Tracez tout d'abord les contours avec du sable (sec de préférence), et décidez des modifications à y apporter. Il est important de faire votre tracé en suivant un ordre logique, généralement en partant de la maison et en vous dirigeant vers le fond du jardin. Si votre jardin comporte plusieurs niveaux, il sera recommandé de terminer le premier niveau (près de la maison) avant de passer au suivant. Établissez un plan chronologique précis si vous souhaitez accomplir le travail sur un laps de temps donné. Certains éléments qui seront installés plus tard, comme une lumière ou la pompe d'un bassin, par exemple, demanderont la pose d'un câble électrique.

Le plan de travail suivant serait celui que vous devriez suivre si vous réalisiez le jardin ci-contre.

PLAN DE TRAVAIL

1 Tracez un axe central dans la longueur du jardin (en plusieurs fois si celui-ci a plusieurs niveaux). Vérifiez avec une équerre d'arpenteur qu'il est à 90 degrés par rapport au milieu de la porte-fenêtre (ne partez pas du milieu du mur du fond, cela fausserait la perspective). Travaillez ensuite à partir de cet axe central.

2 Tracez les limites du dallage symétriquement par rapport à l'axe central en utilisant toujours des multiples de 45 cm (la taille des dalles spécifiée sur le plan) et sans prévoir d'intervalle, car elles sont posées bord à bord. Vous pouvez poser les dalles sur le sol, sans les fixer, pour déterminer l'emplacement des murs de soutènement.

3 Tracez les marches et les murs de soutènement pour les plates-bandes de part et d'autre des marches. Rectifiez au besoin.

4 Posez le dallage, et construisez murs de soutènement et marches.

5 Dans un jardin à plusieurs niveaux, comme celui-ci, prolongez l'axe central en partant du milieu des marches.

6 Déterminez le centre de l'arc de cercle de la pelouse. Tracez celui-ci avec un compas (que vous fabriquerez avec une ficelle et deux piquets), et visualisez-le avec du sable.

7 Déterminez le centre du cadran solaire et procédez selon la même méthode.

8 Assurez-vous que les deux cercles sont harmonieux et que l'espace réservé aux massifs est assez grand. Modifiez au besoin.

9 Posez les bordures de briques, et terminez les aires de gazon et de gravier.

10 Préparez le sol des massifs et plantez.

Tracer un Arc de Cercle

Votre jardin sera infiniment plus beau et aura d'autant plus de personnalité que ses courbes auront été tracées avec précision. Pour tracer un arc de cercle, déterminez le centre du cercle et enfoncez-y un piquet. Passez une ficelle autour du piquet, reportez le rayon sur la ficelle et attachez à cet endroit un bambou qui, une fois la corde tendue, fera office de « crayon ». Tracez la partie de circonférence nécessaire et faites-la ressortir avec du sable sec.

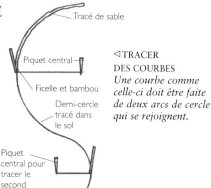

Tracé de sable

Piquet central

Ficelle et bambou

Demi-cercle tracé dans le sol

Piquet central pour tracer le second demi-cercle

◁ TRACER DES COURBES
Une courbe comme celle-ci doit être faite de deux arcs de cercle qui se rejoignent.

PLAN DE DÉTAIL

Tracez maintenant sur le sol les contours du plan de détail en vous référant à toutes les dimensions précédemment relevées. L'exemple ci-dessous est le plan d'arpenteur pour le jardin de la page 34. Essayez de vous mettre dans la peau de la personne qui réalisera les travaux – que ce soit vous ou un entrepreneur – et réfléchissez aux méthodes qu'elle devra employer ainsi qu'à leur ordre chronologique. Ici, la taille des dalles posées bord à bord

détermine l'emplacement des marches et des murs de soutènement. Marquez également les centres des cercles. Il est primordial que tous les éléments soient symétriques par rapport à l'axe central, qui est lui-même perpendiculaire au centre des portes-fenêtres. Vérifiez cet angle avec une équerre d'arpenteur. Il est possible d'en louer une, mais vous pouvez très bien la fabriquer vous-même avec des bouts de bois de 5 x 5 cm de côté.

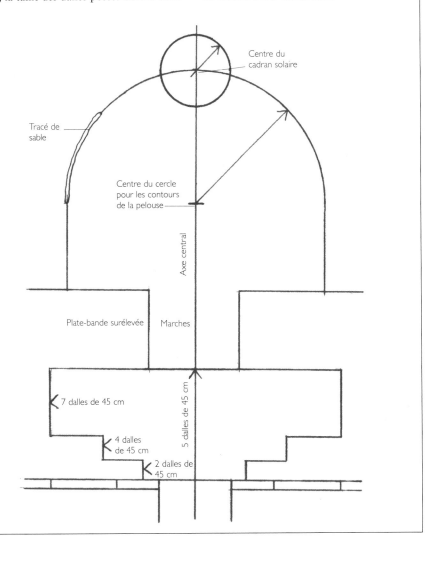

Centre du cadran solaire

Tracé de sable

Centre du cercle pour les contours de la pelouse

Axe central

Plate-bande surélevée

Marches

7 dalles de 45 cm

4 dalles de 45 cm

5 dalles de 45 cm

2 dalles de 45 cm

INDEX

CRÉDITS PHOTOGRAPHIQUES

Photographies
CODE : h *haut,* b *bas,* c *centre,* d *droite,* g *gauche.*

Eric Crichton Photos : 12bg, 14cg, 15hg, 17h, 22bg, 26bd, 30c ; The Garden Picture Library :
Brigitte Thomas 25hg, Geoff Dann 24bd, Janet Sorrell 8bd, J.S. Sira 33cg, Ron Sutherland
18bd 55bd, Steven Wooster 9bg, 10bd, 53hd ; John Glover : 11bd, design : Alan Titchmarsh
29bd ; Jerry Harpur : 35bd, 35cd, design : Robert Chiltock, Seattle 28bd ; Neil Holmes
Photography : 20cd ; Andrew Lawson : 19hg, 53cg, Mirable Osler 29hg ; S & O Mathews
Photography : 24bl ; Clive Nichols : 12bd, Garden and Security Lighting 55c,
Lisette Pleasance 5bd, 12h, Lower Hall, Shropshire 49bc, Paula Rainey Crofts 33hd,
Save the Children – Chelsea'91 4bd, 14bd ; Howard Rice : 20bg, 45bd, 47hd,
Toby Buckland 23hg ; Jo Whitworth : 21hg

Illustrations
Karen Cochrane